Karin Thönnissen

JOHANNES ITTEN

Leben in Form und Farbe

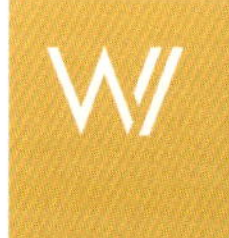

Inhalt

Vorwort 5

Einführung 1888–1913 8

Kindheit und Jugend 10

Ausbildungsjahre 13

Erstes Studium in Genf 16

Ausbildung zum Sekundarlehrer 18

Die Rheinreise 22

Stuttgart 1913–1916 26

Wien 1916–1919 43

Weimar 1919–1923 60

Der Unterricht 66

Mazdaznan 77

Itten und Gropius 85

Abschied 88

Herrliberg 1923–25 90

Berlin 1925–1934 104

Krefeld 1932–1938 116

Amsterdam 1938 127

Zürich 1939–1967 131

Anhang

Auf den Spuren von Johannes Itten in Weimar 142

Zeittafel 151

Literaturverzeichnis 152

Personenverzeichnis 155

Bildnachweis 158

VORWORT

„Architekten, Bildhauer, Maler, wir alle müssen zum Handwerk zurück!“[1] lautet der oft zitierte Satz von Walter Gropius aus dem Manifest zur Gründung des Bauhauses in Weimar. Der Pädagoge und Maler Johannes Itten war einer der ersten unter den jungen Meistern, die Gropius an das Bauhaus holte. Itten prägte wie kaum ein anderer die Anfänge des Bauhauses und gestaltete vor allem die Pädagogik am Weimarer Bauhaus maßgeblich mit.

1919 kam Itten aus der Künstlermetropole Wien. Er verließ einen Kreis internationaler Künstler, dessen Mitglied er war – in den zeitgenössischen Salons ging er ein und aus, war bei der berühmten Künstlermuse Alma Mahler eingeladen und traf bei ihr mit Gropius zusammen. Inmitten der schillernden Wiener Künstlerszene fühlte Itten sich jedoch allein, worauf Karin Thönnissen im Kapitel WIEN der vorliegenden Biografie näher eingehen wird. Einige seiner Wiener Schüler brachte Itten im Gefolge an das Bauhaus mit, darunter auch einige Schülerinnen.

Frauen kamen anfangs zahlreich an das Bauhaus, annähernd zu gleichen Teilen wie Männer. Gropius im Programm von 1919: *„Aufgenommen wird jede unbescholtene Person ohne Rücksicht auf Alter und Geschlecht, deren Vorbildung vom Meisterrat des Bauhauses als ausreichend erachtet wird.“* Als aber am 20. September 1920 das Aufnahmeverfahren diskutiert wurde, drängte Walter Gropius auf eine *„scharfe Aussonderung gleich bei den Aufnahmen [...], vor allem bei dem der Zahl nach zu stark vertretenen weiblichen Geschlecht.“*[2]

„Wo Wolle ist, ist auch ein Weib, das webt,
und sei es nur zum Zeitvertreib.“

Spottvers am Bauhaus[3]

[1] Manifest, in: ThHStAW, BH Nr. 1, 2.

[2] Programm des Staatlichen Bauhauses in Weimar, in: ThHStAW, BH Nr. 1,3 ff.

[3] Oskar Schlemmer wird nachgesagt, er habe diesen Spottvers am Bauhaus geprägt.

Die Einrichtung einer speziellen Klasse für Frauen am Weimarer Bauhaus ging auf die Initiative von Gunta Stölzl und einiger ihrer Mitschülerinnen zurück, da sie mit dem traditionellen Handarbeitsunterricht der Werkmeisterin Helene Börner in der Weberei unzufrieden waren. Als Helene Börner nicht mit an das Dessauer Bauhaus zog, übernahm Gunta Stölzl die Weberei und wurde 1927 zur Jungmeisterin berufen. Stölzl unterstützte selbst als Frau in einem Aufsatz im Bauhaus-Heft 7/1926 das verbreitete Klischee, dass insbesondere die Weberei passende gestalterische Aufgaben für Frauen bot: *„Die Weberei ist vor allem das Arbeitsgebiet der Frau. Das Spiel mit Form und Farbe, gesteigertes Materialempfinden, starke Einfühlungs- und Anpassungsfähigkeiten, ein mehr rhythmisches als logisches Denken sind allgemeine Anlagen des weiblichen Charakters, der besonders befähigt ist, auf dem textilen Gebiet Schöpferisches zu leisten."*

Gerade weil am beginnenden 20. Jahrhundert der Typus Neue Frau steht und zeitgleich mit dem Bauhaus 1919 eine neue Gestaltungsausbildung auflebt, ist rückblickend die Erwartung groß, dass das Bauhaus auf allen Ebenen, auch in Bezug auf die Geschlechterrollen modern war – aber das bleibt ein Mythos.[4]

Zwar hatten insbesondere die Frauen die Weberei am Bauhaus für sich entdeckt und das Textildesign befördert, aber auch Johannes Itten, der die Verbindung von Kunst und Handwerk auch nach seinem Weggang vom Bauhaus weiter intensiv lebte, setzte auf die Weberei. Am Weimarer Bauhaus war die Weberei von Beginn an eine der finanziell einträglichsten, wenn nicht die einträglichste Werkstatt überhaupt. Itten verließ bereits Anfang 1923 das Bauhaus, um sich im schweizerischen Herrliberg einer Lebensgemeinschaft von Anhängern der Mazdaznan-Bewegung anzuschließen. Hier gründete er neben einer Kunstschule eine Buchbinderei, einen Verlag und eine

[4] Vgl. Elke Beilfuß: bauhaus feminin – Ein Mythos, Kulturjournal Mittelthüringen, Heft April 2009, 11.

Weberei, an deren Aufbau die Weberin Gunta Stölzl zeitweise mitwirkte. Itten wird der Pädagogik sowie dem Textildesign im Laufe seines Lebens treu bleiben, daher ist es nur allzu logisch, dass die vorliegende Biografie von der ausgewiesen Textilhistorikerin Dr. Karin Thönnissen verfasst wurde, die sich insbesondere durch ihre frühere Dissertation „*Johannes Itten und die Höhere Preußische Fachschule für textile Flächenkunst in Krefeld. Zum Textildesign der dreißiger Jahre*“ als profunde Kennerin der Person und des Werkes von Johannes Itten ausgewiesen hat.

Auch das Erscheinungsbild von Johannes Itten, auf das Karin Thönnissen genauer eingehen wird, war stets bemerkenswert: von mönchisch streng bis hin zu kaufmännisch korrekt. Die Glatze, die Itten am Bauhaus trug, ist einer genaueren Betrachtung würdig. Offenbar war sie ein probates Ausdrucksmittel bestimmter asketischer Weltanschauung, nicht nur von Johannes Itten. Auch sein Kommilitone während der Stuttgarter Studienzeit und später ebenfalls Meister am Bauhaus Oskar Schlemmer hatte sich den Schädel kahlrasiert, um folgende Wirkung zu erzielen: „*wenn ich so und so tue, tue ich buddhistisch, asketisch, weise.*“[5] Orientierte jener sich dabei an Studienfreund Johannes Itten, der sich ebenfalls eine Glatze rasierte? Es handelte sich sogar um einen Dreierbund.[6] Schlemmer, Itten und der finnische Sänger Helge Lindberg. Alle drei rasierten sich in einer gemeinsamen Aktion den Kopf.

Weimar im Juli 2016,
Elke Beilfuß

[5] Tagebuch, Sept. 1916 zit. n. Schlemmer 1958, 51.

[6] Karin v. Maur: „Es wuchs ein Kristall. Johannes Itten in Stuttgart 1913–1916“, in: Johannes Itten, Künstler und Lehrer, hrsg. von Hans Christoph von Tavel und Josef Helfenstein, Bern/Krefeld/Stuttgart 1984/85, 55–67, hier 58.

EINFÜHRUNG 1888–1913

Der gebürtige Schweizer Johannes Itten hat europäisch gelebt, denn er wohnte in vier verschiedenen Städten in Deutschland, in der Hauptstadt Österreichs und kurzfristig auch in den Niederlanden. Seine Farb- und Formlehre wirkt sich jedoch weltweit auf nahezu jeden Menschen, jedes Kind aus. Ittens pädagogische Ideen sind durch seine zahlreichen Schüler und Schülerinnen und Studierende hinaus in die Welt gegangen. Bis hin zum heutigen Slogan „*Colour me beautiful*", denn die Analyse der modischen Farbberater basiert auf der Farbtyplehre von Johannes Itten.

Schon viel ist über Johannes Itten geschrieben worden, zahlreiche Kataloge zeigen sein künstlerisches Werk, viele pädagogische Schriften setzen sich mit seiner Lehre auseinander und die Stationen seines Lebens, wie Stuttgart, Wien, Weimar, Berlin, Krefeld und Amsterdam haben namhafte Wissenschaftler gründlich untersucht. Johannes Itten selbst hat Bücher und Aufsätze publiziert und regelmäßig auf seine persönliche Art ‚Tagebücher' geführt. Tagebücher, in denen er allerdings nicht wie gewöhnlich das tägliche Geschehen dokumentierte. In ihnen hielt er seine Lektüre in Exzerpten fest, notierte Gespräche mit Freunden, seinen Schriftverkehr und Vorträge. Itten erörterte in seinen Aufzeichnungen die für ihn relevanten künstlerischen Themen, Fragestellungen zu Bildaufbau und Malerei, die er hier mittels Entwürfen und Worten in einer Art Brainstorming für sich zu klären suchte. Es finden sich Skizzen für Ölbilder neben Kompositionsstudien „Alter Meister" und Aufgabenstellungen für seinen Unterricht. Itten hat der Nachwelt hier einen umfangreichen Ideenschatz hinterlassen. Etliches wartet noch auf seine Veröffentlichung, so beispielsweise Ittens theoretische Arbeit und seine Vorträge aus den Züricher Jahren, etwa ab 1939, ebenso wie ein Teil der Tagebücher.

Die Digitalisierung des privaten Itten-Archivs, das seine Frau Anneliese Itten (1913–2002) sorgfältig und akribisch angelegt hat, ist geplant.

Die biografischen Daten und Fakten in dieser Biografie stammen im Wesentlichen aus Ittens eigenen Texten, zuerst veröffentlicht in *„Johannes Itten, Werke und Schriften"* von Willy Rotzler, seinem Assistenten in den Züricher Jahren, es beinhaltet ein Werkverzeichnis, das Anneliese Itten erstellte. Itten hat laut Rotzler mit den autobiografischen Aufzeichnungen 1948 während einer Krankheit begonnen, er wollte damit *„entstellende Versionen anderer korrigieren"*, ein Zeichen dafür, wie viel Itten an einer positiven Darstellung seines Lebens gelegen war. Spätere Forschungen stellten diese Rückschau selten in Frage, jedoch wird es mit der geplanten digitalen Veröffentlichung des Itten-Archivs möglich sein, noch offene Fragen zu klären. Anneliese Itten, seine zweite Frau, hatte das Archiv umsichtig angelegt, viele Zeitzeugen noch befragen können, viele Ausstellungen und Publikationen angeregt und begleitet, dabei das Bild ihres Mannes auch an einigen Stellen *„zurecht gerückt."*

Als weitere Quellen dienten die Veröffentlichungen der *„Stuttgarter und Wiener Tagebücher"* von Eva Badura-Triska, die Publikationen und Aufsätze von Rainer Wick und die zahlreichen Veröffentlichungen des ausgewiesenen Itten-Forschers Prof. Dr. Christoph Wagner. Bei den wörtlichen Zitaten von Johannes Itten wurde die originale Schreibweise wie auch die Zeichensetzung beibehalten.

Itten schrieb an seinen Freund Otto Stettler am 25. August 1909: *„Das Leben mit einer frischen, frohen Zuversicht anpacken und nie verzweifeln, das ist des Pudels Kern."*

KINDHEIT UND JUGEND

Seine Kindheit schildert Johannes Itten bemerkenswert bildreich: *„Bergblumenwiesen und dunkelgrüne Tannenwälder, weiße Ziegen, graue Kühe und schwarze Krähen, Habichte, Hühner, Gemsen, duftendes Heu und Kartoffeln, Mäusegift und junge Katzen, Ziegen bespringende Ziegenböcke und Kühe deckende Stiere, das Schlüpfen der Küken, das Gebären der Kaninchen, Katzen, Schweine, Ziegen, Kühe und Pferde, das Melken und Säugen und Totschlagen der Tiere – das alles und ganz wenig nur ungern gelerntes Lesen und Schreiben war meine Welt bis zum zehnten Lebensjahr.“*

Als ältestes von drei Kindern wurde Johannes Itten 1888 in Süderen-Linden im Berner Oberland geboren. Ein idyllisch gelegenes kleines, typisch schweizerisches Dorf mit heute etwa 240 Einwohnern, fast 1000 Meter über dem Meeresspiegel gelegen. *„Die Südern besteht aus einem Wirtshaus, einem Schulhaus, einer Käserei und einer Handvoll Bauernhäuser an einem Kreuzweg inmitten eines emmentalischen Hochmoortalkessels ohne jede Fernsicht und auch ohne jeden landschaftlichen Reiz. Sie ist kein Ziel, nur ein Durchgang an einem Kreuzweg“* erinnerte sich der Jugendfreund Adolf Schaer-Ris (1889–1962) später. Heute ist Süderen-Linden zusammengelegt mit dem Dorf Wachseldorn und immer noch ein kleiner *„Flecken“*. In einem Aquarell von 1907 hat Itten wohl sein Elternhaus dargestellt, ein seitlich gesehenes, von großen Bäumen umgebenes Haus mit tief heruntergezogenem Dach.

Ittens Vater war Lehrer und bewirtschaftete zugleich einen Bauernhof. Auch die Mutter Elise kam aus einem bäuerlichen Haushalt. Der Vater starb, als sein ältester Sohn Johannes gerade vier Jahre alt war. Es folgten, wie Itten später schrieb, harte Jahre, denn zunächst lebte er zwei Jahre bei der Großmutter, dann heiratete die Mutter erneut, und der Stiefvater war *„grausam und erbarmungslos“*.

Alle Familienmitglieder wurden zur Arbeit herangezogen und so verbrachte Johannes Itten viele Tage mit Ziegenhüten *„allein auf den Weiden, in den Wäldern und Felsen“*. Im Sommer lebte die ständig wachsende Familie auf einer Alp, der Marbach-Alp, und im Winter bewirtschafte sie den Bauernhof in Süderen-Linden. In der Kindheit wurde die Begeisterung zur Natur und zu den Tieren geweckt; so erzählte Itten von den Ziegen und Kühen, die von ihm versorgt wurden und die ihn dafür liebten. Er beschrieb die Streifzüge durch die Wälder und die nicht ungefährlichen Kletterpartien auf *„Felsen des Sigriswiler Grates oder der Sieben Hengste“*.

Eine Kindheit Anfang des 20. Jahrhunderts in einer abgeschiedenen Schweizer Berglandschaft mag hart gewesen sein, die Arbeit bei einer so großen Familie – es folgten wohl noch zwölf Halbgeschwister in der zweiten Ehe – war sicherlich umfangreich und für ein Kind anstrengend, sie war zu jener Zeit aber durchaus üblich. In ländlichen Gegenden lagen die Dörfer weit auseinander und machten – wie von Itten geschildert – einen langen Schulweg notwendig; auch die Mitarbeit im Haushalt und auf den Feldern war für jedes Haushaltsmitglied gang und gäbe.

Johannes Itten schrieb seine Lebenserinnerungen während einer schweren Krankheit im Jahr 1948 auf. Er war inzwischen 60 Jahre alt und in der Rückschau stellt sich manches in einem anderen – härteren – Licht dar. Interessant ist dabei, dass Itten das Bild des *„ziegenhütenden Buben“* aufgreift, ein Topos, der in Künstlerbiografien häufig auftaucht. Zum ersten Mal hat diese Metapher wohl Giorgio Vasari bei seiner Beschreibung der Kindheit des Florentiner Malers Giotto gebraucht, aber auch in späteren Jahrhunderten wird dieses Bild gern verwendet, sogar in Filmen aus den Dreißigerjahren des 20. Jahrhunderts taucht es auf.

Wie sein früh verstorbener Vater sollte Johannes Itten Lehrer werden. Im Jahr 1898 nahmen Verwandte den

Zehnjährigen in Thun auf, damit er die dortige weiterführende Schule besuchen konnte. Itten nannte diese sechs Jahre im Rückblick *„grau und bitter"* und *„ohne Freude"*. Seine liebsten Schulfächer waren Religion, Deutsch mündlich, Turnen, Singen und Zeichnen.

Die Stadt selbst, die elftgrößte der Schweiz, und auch das hübsche Haus der Verwandten – der Onkel war Notar und Präsident des Bürgerrates – direkt neben dem Schloss, begeisterten ihn damals kaum. Ein Jugendfreund berichtete von der ausnehmend schönen Wohnlage am Schlossberg: *„er saß dort in einer bevorzugten Loge"* und auch von dem *„gepflegten Haushalt"*, in dem Itten nun aufwuchs. Itten selbst fühlte sich allerdings wie ein *„verschufter"* [hin und her geschobener] Bub, hatte seine Pflichten – abtrocknen und Schuhe putzen – und seine Tante hielt Malen und Zeichnen für überflüssigen Zeitvertreib. Dennoch besaß er schon früh einen – von selbst erspartem Geld erworbenen – Malkasten. Arbeiten aus den frühen Jahren sind aber nicht erhalten.

Als besonders schön schildert Itten seine Herbstferien, die er bei der Mutter verbrachte, *„weil ich dann das Vieh hüten durfte und jede Kuh eine große Glocke am Hals umgebunden hatte. Mit dreizehn Jahren kam ich zum Gras-Mähen und Kühe-Melken, und damit war die höchste Stufe der Leiter erreicht."*

Im Jahr 1904 bestand Johannes Itten die Aufnahmeprüfung des Kantonal-Bernischen Lehrerseminars Hofwil bei Bern. Daraufhin übergab ihm der Onkel das väterliche Erbe mit den Worten: *„Johann – jetzt wirst du selbständig – du hast von deinem Vater 6000 Franken Vermögen; sei sparsam und fleißig, du lernst einen Beruf, der dich ernähren wird, wie er deinen Vater ernährt hat."*

Das Erbe des Vaters stellte damals, als man für ein Brot etwa 30 Rappen bezahlte (heute kostet es etwa 3,50 Schweizer Franken) ein beachtliches Vermögen dar und es scheint, dass der Onkel dem 16-Jährigen die besonnene

Verwaltung zutraute. Die Summe von 6.000 Franken entsprach damals etwa einem zweifachen Jahresgehalt eines Schweizer Beamten. Zum Vergleich: Albert Einstein, der als Staatsbeamter im Berner Patentamt angestellt war, erhielt 1909, also fünf Jahre später, ein Jahresgehalt von 4500 Schweizer Franken.

AUSBILDUNGSJAHRE

Da er wie sein Vater Lehrer werden sollte, absolvierte Itten von 1904–1908 eine entsprechende Ausbildung am Lehrerseminar, die ersten zwei Jahre in Hofwil, dann folgten zwei Jahre in Bern. Adolf Schaer-Ris, der Jugendfreund erinnerte sich: *„ein stämmig knochig geratener junger Mann, der sofort in Sport zu brillieren begann"*.

Neben Sport gehörte Malen und Klavierspielen zu den bevorzugten Freizeitbeschäftigungen, für die Itten, wie er später sagte, *„jede freie Viertelstunde"* nutzte. Als prägend erwies sich die Begegnung mit Hans Klee (1849–1940), dem Vater von Paul Klee. Hans Klee war Musiklehrer des Studienseminars. Als Itten im Übungszimmer *„mit besonderer Leidenschaft kitschige Walzer und Polkas"* spielte, kam Klee langsamen Schrittes, an einem Stumpen kauend und am langen Bart zupfend, herein – *„Was machst Du denn da?"*, fragte er Itten, nahm ihm die Notenblätter fort, sah ihn ironisch an und ging wieder hinaus. Augenblicklich sei er vom Kitsch geheilt worden, erinnert sich Itten. Hans Klee war für ihn *„das Vorbild des ruhelos Suchenden, ehrlichen Denkers und empfindsamen Künstlers"*. Auch später spürt man die Bewunderung Ittens für den Lehrer, der ihn in die Welt der Philosophie einführte und ausgiebige Gespräche mit ihm führte.

In den ersten beiden Jahren der Ausbildung wohnten die Gymnasiasten in dem dazugehörigen Internat, dann, in der Berner Zeit, mietete Itten mit zwei Studienkollegen eine private Unterkunft und berichtete von den „*Avancen*" der Vermieterin, die er damals nicht richtig zu deuten wusste.

Das Lehrerseminar in Bern leitete Dr. Ernst Schneider (1878–1957), ein „*begeisternder*", aber noch junger Pädagoge mit einem großen Interesse an der noch jungen Fachdisziplin der modernen Psychologie. Man diskutierte mit „*jugendlicher Heftigkeit*" über etliche Themen und besonders über Schulreformen, die in allen Ausbildungsbereichen in der Luft lagen und eng mit der Jugendbewegung verbunden waren. Erlebnispädagogik, Selbsttätigkeit und Projektmethode waren Schlagworte, die für eine neue Form des Unterrichts stehen sollten. Wie auch Ellen Key es in ihrem 1900 veröffentlichten Buch *Das Jahrhundert des Kindes* (1902 auf Deutsch erschienen) forderte, sollte beim Unterricht vom Kinde aus gegangen werden, ständig hatte die Ganzheit der Person im Mittelpunkt zu stehen und die vielfältigen Begabungen des Kindes sollten gefördert werden. Überlegungen, die in den späteren Unterricht Ittens einfließen sollten.

Die Unterrichtsstunden im Lehrerseminar begannen um sechs Uhr morgens und dauerten bis ein Uhr mittags, die Nachmittage waren somit für das selbstständige Arbeiten frei. Diese Zeit nutzte Itten wie schon in Hofwil zum Malen, Klavierspielen und Sport. Als Kunstturner glänzte er sogar bei Bezirksturnfesten, zum Klavier kam die Orgel hinzu und viel Zeit verbrachte er mit Ausstellungsbesuchen im Berner Museum, wobei ihn besonders Ferdinand Hodler (1853–1918) und Arnold Böcklin (1827–1901), die heute beide zu den bedeutenden Schweizer Malern des 19. Jahrhunderts zählen, interessierten: „*ich verbrachte Stunden vor Hodlers Nacht*". Ebenso besuchte er in diesen beiden Jahren etliche Musikveranstaltungen, besonders gut erinnerte er sich an die Aufführung einer Mozart-Symphonie.

Auch das Lehramt sagte ihm zu, denn bei Probestunden erkannte er seine Begabung: *„ich hatte große Freude am Unterrichten"*. So erhielt er dann zum Abschluss der Ausbildung ein ausgezeichnetes Zeugnis und trat seine erste Stelle 1908, also mit 19 Jahren, in einer Dorfschule in Schwarzenburg an.

Schwarzenburg war zu der Zeit ein kleines Dorf im Kanton Bern zwischen den Flüssen Sense und Schwarzwasser gelegen, aber bereits seit Anfang des 20. Jahrhundert durch eine Bahnlinie mit der Landeshauptstadt Bern verbunden. Damals lebten dort weitaus weniger Menschen als heute, dennoch hatte das Dorf eine eigene Schule. Wie Itten schreibt, wohnte er beim Pfarrer, neben dem Lehrer Anfang des 20. Jahrhunderts die wichtigste Person eines Dorfes. Mit ihm, dessen Enkel Martin ein Künstler war, diskutierte er über Malerei und Erziehung. *„Auch spielte ich öfters Orgel im Gottesdienst in der kleinen Kirche"* im Nachbarort. Itten gründete einen Männerchor, brachte Theaterstücke auf die Bühne – zu denen er auch die Dekorationen malte – und *„förderte mein Turnen im Turnverein"*.

Besonderes Glück bereiteten ihm die Schulstunden, darüber berichtete er selbst ausführlich und es wird deutlich, dass die pädagogischen Reformideen der Jahrhundertwende in seinem Unterricht ihren Niederschlag fanden. *„Der Lehrer als ständiger Korrigierer wird doch zum Totengräber des ursprünglichen kindlichen Denkens."* Damit lehnte er die Korrektur mit roter Farbe ab und entwickelte ein anderes System: Er notierte die Rechtschreibfehler aller Kinder und ließ wöchentlich zehn Wörter in ein persönliches ABC Heft eintragen. Beim monatlichen Diktat dieser Wörter verlangte er sie fehlerfrei. Wie er selber später darstellte, war dies eine neue, in Lehrerkreisen unbekannte Methode.

Zum ersten Mal probierte er hier sein pädagogisches Grundprinzip aus: *„Nicht mit Korrekturen die Schüler innerlich lähmen, sondern mit Loben und Rühmen Fehler* *übersehen. Das steigert das Selbstvertrauen, den Glauben an sich selbst."* Wie sich im Laufe des Berufslebens zeigen sollte, ließ sich dies nicht nur auf Kinder anwenden, sondern auch auf Erwachsene, auf Studenten und Berufstätige.

ERSTES STUDIUM IN GENF

Trotz Anerkennungen und Beliebtheit war Itten mit seiner beruflichen Tätigkeit nicht vollends zufrieden. Er empfand sich nur als halber Erzieher und fühlte sich stark zur Musik hingezogen. Auch das Engagement für den Sport war groß, in den Berner Jahren hatte er Preise gewonnen, aber auch Verletzungen – z. B. einen Meniskusriss – erlitten. Nun war es in Schwarzenburg erneut ein Sportunfall, der ihn zur Bettlägerigkeit zwang. In der Rekonvaleszenz hatte er ausgiebig Zeit zum Nachdenken und so fasste er den Entschluss, sich zum Wintersemester 1909/10 an der École des Beaux Arts in Genf einzuschreiben.

Genf war die *„welsche"* Stadt, die zweitgrößte der Schweiz, in der zudem neben Französisch auch Deutsch gesprochen wurde. Ittens Muttersprache war Deutsch, das Bernerische Hochdeutsch, Französisch hatte er in der Schule gelernt und konnte es jetzt anwenden.

Zahlreiche Museen und etliche Sehenswürdigkeiten boten sich in Genf zur Unterhaltung an, doch Itten hatte präzise Vorstellungen: Er belegte Zeichen- und Modellierkurse an der Kunstakademie, außerdem schrieb er sich für Klavierstunden am Konservatorium ein. Es war ein umfangreiches Pensum, das er dennoch durchzog, das ihn aber auch hinderte, Freundschaften zu schließen: *„In der Zeichenklasse war ich stumm, trug einen Bart und arbeitete von acht bis zwölf."*

Der Unterricht bei Louis Dunki (1856–1915) und James Vibert (1872–1942) enttäuschte ihn sehr, es war

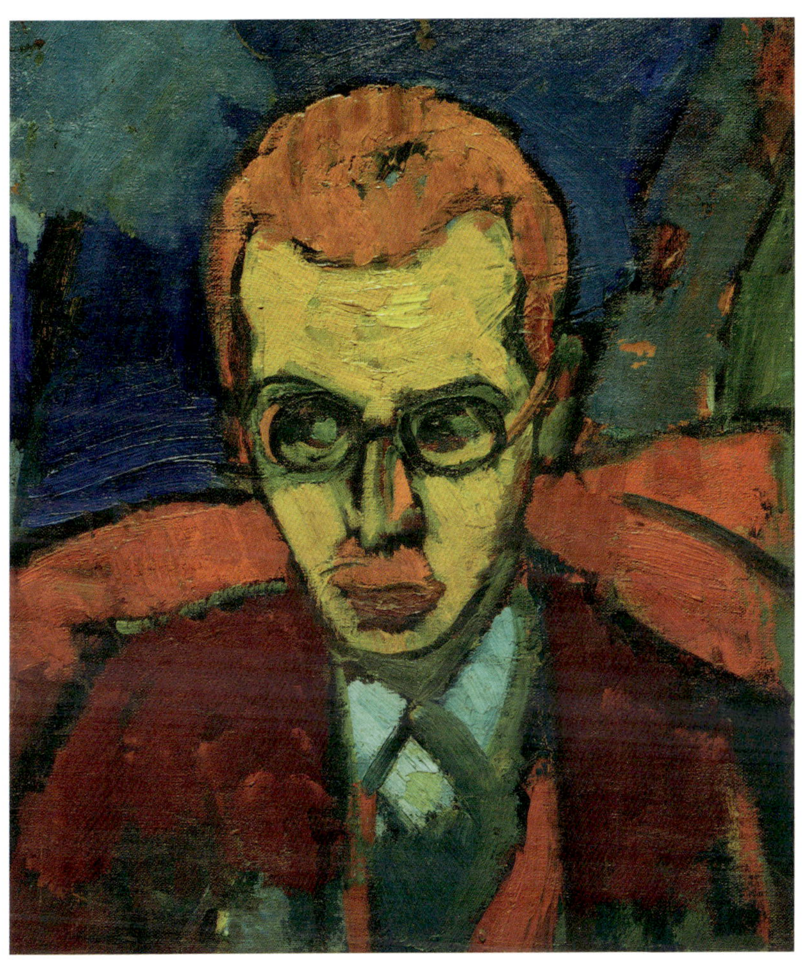

der übliche – noch nicht reformierte – Akademieunterricht, in dem es um Zeichnen und Modellieren nach Natur und Gips ging. Exaktes Beobachten und detailgetreue Wiedergabe waren gefragt, die Wahrnehmung sollte geschult werden, als Beste galten die Studenten, die ihren Lehrer am getreuesten imitierten. Die neuen Reformideen, die Itten bereits kannte, hatten in dieser Akademie noch keinen Zuspruch gefunden.

Hermann Stenner: *Bildnis Itten*, 1913, Öl auf Leinwand, 58,5 x 50,5 cm, Westfälisches Landesmuseum in Münster

AUSBILDUNG ZUM SEKUNDARLEHRER

So kehrte Itten nach einem Semester wieder zurück nach Bern und begann 1910 eine weitere viersemestrige Ausbildung zum mathematisch-naturwissenschaftlichen Sekundarlehrer. Er belegte hier die Fächer Mathematik, Physik, Chemie, Mineralogie, Geologie, sowie Zeichnen und Turnen. *„Der Studiengang war ein stumpfsinniges Gedächtnislernen, und es blieb gar keine Zeit für das Festhalten und intensives Studium eines einzelnen Themas."*

Er malte viel, etliches ist aus der Zeit erhalten, und besuchte *„aus heller Verzweiflung"* eine kunstgeschichtliche Vorlesung, die aber so ausfiel, dass er für sein *„ganzes Leben genug hatte von der Kunsthistoriker-Gelehrsamkeit"*. Musik war in den Jahren weniger wichtig geworden, das Interesse an der Kunst wog mehr. Wahrscheinlich war er sich inzwischen darüber im Klaren, dass sein musikalisches Talent, seine Begabung auf diesem Gebiet nicht für eine erfolgreiche Karriere ausreichte.

Er muss in diesen zweiten Studienjahren ein leidenschaftlicher Bergsteiger gewesen sein, zusammen mit Freunden wie Otto Stettler und Wilhelm Jost (1882–1964), genannt Hämu, wurden umfangreiche Bergtouren unternommen, zahlreiche Gipfel bestiegen: *„auf der Gipfelhöhe ein Schauspiel von kaltem hellem Bläueglanz"*, auch in den späteren Jahren zog es ihn immer wieder ins Gebirge.

Neben der Freundschaft zu Otto Stettler, die ein Leben lang hielt, begannen hier weitere lebenslange Freundschaften wie die zu dem ein Jahr älteren Maler Otto Morach (1887–1973). Morach hatte 1908, wie Itten, die Lehramtsausbildung am mathematisch-naturwissenschaftlichen Zweig in Bern abgeschlossen und danach mit weiteren zwei Semestern an der Universität und der Berner Kunst- und Gewerbeschule eine Ausbildung zum Zeichenlehrer beendet. Er arbeitete mit Unterbrechungen als Lehrer, denn immer wieder lebte er für längere Zeit in Paris oder München, um sich über die neuen Kunsttendenzen zu informieren und um dort zu malen. Von 1919–1953 war Morach als Lehrer für Ornamentales Zeichnen an der Züricher Kunstgewerbeschule angestellt, die Itten dann ab 1938 leitete.

Itten traf Morach und die beiden Maler Arnold Brügger (1888–1975) und Fritz Baumann (1886–1942) bei seinem Freund Hermann Röthlisberger (1883–1922). Vermutlich gehörte schon damals Karl (Carlos) Fischer (1888–1987) dazu, dem Itten später immer wieder begegnete, ob im Mazdaznan-Zentrum Herrliberg, wo Fischer seit 1920 wohnte, oder an der Kunstgewerbeschule Zürich, wo Fischer seit 1914 als Lehrer für Modellieren und Holzbildhauerei angestellt war und ab 1947 als stellvertretender Leiter fungierte.[1]

Hermann Röthlisberger, der wohl engste Freund in den zweiten Berner Jahren, nur wenig älter und promovierter Zoologe, unterrichtete Methodik am Lehrer-Seminar. Auch er war ein Vertreter der Reformpädagogik und kannte zudem die neuen Ansätze im Kunstbereich, die ihre Wurzeln und viele Vorläufer im 19. Jahrhundert hatten. Von William Morris (1834–1896), einem der Vertreter der Arts and Crafts-Bewegung in England über den Jugendstil in Europa bis hin zum Werkbund in Deutschland war die Beschäftigung mit der Künstlerausbildung und dem Künstlerselbstverständnis ein heiß diskutiertes Thema.

Röthlisberger teilte mit Itten die Begeisterung für zeitgenössische Kunst und lieh ihm Literatur aus seiner umfangreichen Bibliothek. Itten erwähnte hier besonders die Briefe von Vincent van Gogh an seinen Bruder Theo, die er *„verschlungen“* habe. Das Schicksal van Goghs auf der Suche nach seiner wahren Berufung, seine Kämpfe das Leben und die Kunst zu meistern,

[1] Siehe Elke Krafka: Carl Fischer, in: Theaterlexikon der Schweiz, hrsg. von Andreas Kotte, Zürich 2005, Bd. 1, 597–598.

hatte einen tiefen Eindruck hinterlassen und Itten wahrscheinlich ermutigt, sich seinerseits dem *„Kampf"* zu stellen.

Über Röthlisberger soll Itten auch Mazdaznan kennengelernt haben, denn die Schwiegermutter von Röthlisberger führte in Bern ein vegetarisches Restaurant, in dem wahrscheinlich nach Mazdaznan Regeln gekocht wurde.

Mazdaznan ist eine – noch heute existierende – fernöstliche Heilslehre, die in Amerika von Otoman Zar-Adusht Ha'nish (wohl 1844–1936) gegründet wurde. Auf sie wird noch ausführlich eingegangen.

Die neu aufgekommene Lehre von der vegetarischen Ernährung dürfte Itten im Zusammenhang mit seiner Begeisterung für Sport interessiert haben, für den es einen gesunden Körper braucht. Ebenso kann aber das Interesse am Vegetarismus durch die Lebensreformbewegung geweckt worden sein.

Sein Hauptinteresse galt jedoch in der Zeit der Kunst, mit den *„Pariser Malern"* – Morach und Brügger hatten – wie auch Baumann – länger in Paris gelebt – diskutierte Itten über die *„neue"* Kunst. Er fühlte sich dadurch angeregt und malte *„verbissen"*, war aber überhaupt nicht zufrieden mit den Resultaten. Es gibt eine Reihe von Zeichnungen, Aquarellen und Ölbildern aus den Jahren 1911–12, die zwischen Naturalismus und Kubismus schwanken.

Trotz seiner Unzufriedenheit mit sich selbst hatte er sich innerlich wohl entschieden und so viel Vertrauen in seine künstlerische Begabung gewonnen, dass er zur Weihnachtsausstellung im Berner Kunstmuseum 1911 sein Bild *Vorfrühling an der Rhone* einreichte.

Es ist ein Landschaftsbild in Grün- und Violett-Tönen, das die Nähe zu seinem Vorbild Ferdinand Hodler erkennen lässt. Mit pastos gesetzten kurzen Pinselstrichen sind Wasser, Bäume, Felder und der Himmel wiedergegeben. Der erhöhte Standpunkt des Malers

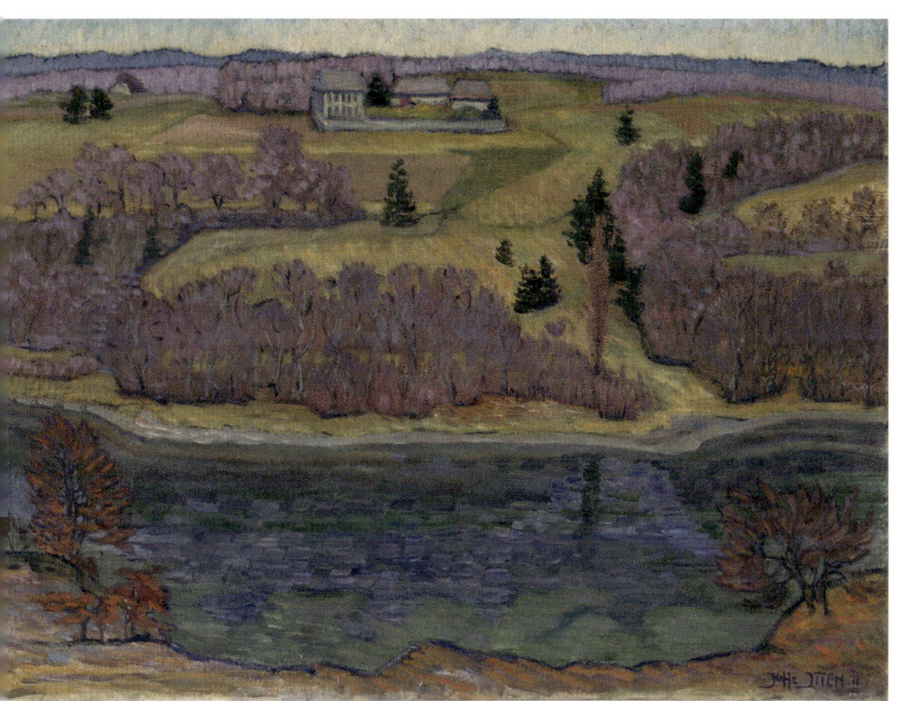

lässt nur einen schmalen Horizontstreifen zu, der Landschaft ist dagegen breiter Raum gegeben.

Ende 1911 meldete sich Itten trotz, wie er sagt, mangelnder Vorbereitung zur Abschlussprüfung an. Er eignete sich den viersemestrigen Stoff in zwei Monaten an und bestand das Examen mit einer durchaus guten Note. Trotzdem ärgerte er sich noch jahrelang über die beiden vergeudeten Jahre. Immerhin zeigen sich hier bereits wesentliche Charakterzüge: Selbstvertrauen und Ehrgeiz.

Vorfrühling an der Rhône, 1911, Öl auf Leinwand, 50 x 70 cm, Kunstmuseum Bern

DIE RHEINREISE

Nach dem Examen brach er zusammen mit einer Berner Seminargruppe und Otto Morach nach Paris auf – in das Zentrum der Avantgardekunst am Anfang des 20. Jahrhunderts. Es war seine erste Parisreise, sie fand aber trotzdem in seinen Aufzeichnungen keinen Niederschlag; anders dagegen die Reise nach München, die Itten später selbst für nahezu jede Biografie angab. Nach München fuhr er mit dem Ehepaar Röthlisberger, sie besuchten Museen und Galerien, sahen eine Kandinsky-Ausstellung in der Galerie Hans Goltz und eine Nachlass-Ausstellung mit Bildern und Zeichnungen von Hans Brühlmann (1878–1911). Brühlmann, ein Schweizer Maler, war 1906 Meisterschüler bei Adolf Hölzel gewesen, der ihn sehr geschätzt hatte.

Die im Sommer 1912 folgende Reise rheinabwärts zusammen mit Röthlisberger wird in seinen Lebenserinnerungen ausführlich geschildert: *„Dann ging's per Frachtdampfer rheinabwärts. Nachts schliefen wir auf den Bänken dieser Schiffe, am Morgen stiegen wir aus, um irgendeine Stadt tagsüber zu studieren."* In der Mannheimer Kunsthalle faszinierte ihn die Impressionisten-Sammlung von Fritz Wichert (1878–1951, Direktor der Kunsthalle und später der Frankfurter Städelschule). In Köln blieben die beiden vier Tage, um ausreichend Zeit für die umfangreiche *Internationale Kunstausstellung des Sonderbundes westdeutscher Kunstfreunde und Künstler* zu haben.

Sie war in der Tat umfangreich: in 29 Sälen wurden 634 Ölbilder und Aquarelle gezeigt. Dafür hatte man extra eine große Ausstellungshalle von der Weltausstellung in Brüssel geholt und die Bilder auf eine neue Art gruppiert, nicht in einer wie in Schlössern oftmals noch heute üblichen *„Petersburger Hängung"*, sondern nebeneinander entlang der Wand auf Augenhöhe aufgereiht. Zwar war die Ausstellung wie bei einer Weltausstellung in Nationen-Räume aufgeteilt: Künstler aus

Ungarn, Österreich und der Schweiz in einem Raum; Holland, Frankreich in einem anderen, Norwegen und Deutschland in zwei weiteren, aber die einflussreiche ‚Vätergeneration' Paul Cézanne, Vincent van Gogh, Pablo Picasso und Paul Gauguin hatten jeweils ihren eigenen Raum: van Gogh war mit über einhundert, Cézanne mit 26, Gauguin mit 25 und Picasso mit 16 Gemälden vertreten. Man wollte dem Publikum *„einen Überblick über den Stand der jüngsten Bewegung in der Malerei geben"* – es waren für damalige Verhältnissen unübliche, schrille Farben, verzerrte Perspektiven und grobe Pinselstriche, ein ungewohntes Form- und Farbenspektrum. Das Publikum wurde in der Presse ausführlich davor gewarnt, Röthlisberger und Itten dagegen waren begeistert: *„Die Kölner Ausstellung war unbeschreiblich schön für mich, und man konnte sie so gut studieren, weil sie meistens leer war."* 2012, einhundert Jahre später, unternahm das Wallraf-Richartz-Museum den Versuch, diese Schau unter dem Titel *1912 – Mission Moderne. Die Jahrhundertschau des Sonderbundes* zu rekonstruieren. Nicht alle Arbeiten konnten identifiziert bzw. wiedergefunden werden, bescheidene 115 wurden gezeigt.

Eine weitere Station auf dieser Reise war die Stadt Hagen mit dem von Henry van de Velde im Jugendstil erbauten und 1902 eröffneten Folkwang Museum. Es war damals – weltweit – das erste Museum, das sich der zeitgenössischen Kunst widmete. Der einstige Bestand, Arbeiten von Auguste Renoir, Vincent van Gogh, Henri Matisse, Paul Cézanne und Mitgliedern der Künstlergruppen Blauer Reiter und Die Brücke, den Itten bei seinem Besuch sah, wurde 1922 verkauft und ist heute im Folkwang Museum Essen zu sehen.

Die Reise ging bis in die Niederlande: *„Ein Kopf Tintorettos im Mauritshuis, das Nonnenbild von Frans Hals in Haarlem und das Auferstehungsbild von Rembrandt* *im Rijksmuseum blieben mir besonders im Gedächtnis haften.*“ Wie Itten in seinen Erinnerungen festhielt, war diese Reise *„mit ganz wenig Geld, dem letzten, das mir vom Vater geblieben war“*, bezahlt worden. Also war er in der Tat: *„sparsam und fleißig“* mit dem Geld umgegangen, das Vertrauen, das der Onkel in ihn gesetzt hatte, war gerechtfertigt gewesen.

Zurück in der Schweiz trat er keine neue Stelle an, sondern übernahm etliche Lehrer-Vertretungen. Er war entschlossen, ein weiteres Mal, zum Wintersemester, an die Kunstakademie in Genf zu gehen und brauchte dafür Geld. In Genf schrieb er sich nur in der Akademie ein, die Rheinreise hatte den Entschluss gefestigt, Maler und nicht Musiker zu werden.

Der Unterricht in Genf war unverändert, weiterhin akademisches Zeichnen und Malen nach Natur und Gips, wie es der Professor Gustave de Beaumont (1851–1922) anbot, bei dem Itten sich einschrieb. Daneben unterrichtete ein weiterer Professor, Eugène Gilliard (1861–1921), der *„für seine eigene Methode des Zeichenunterrichts“*, bekannt war, die er in leider nicht veröffentlichen Heften *Les cahiers rythmiques* zusammengefasst hatte. Bereits 1897 wurde diese Methode für den Unterricht im Zeichnen und Malen durch den Verband der Schweizer Zeichenlehrer adaptiert, denn Gilliard hatte einen entsprechenden Vortrag gehalten, der in einer Zeitschrift veröffentlicht worden war.[2] Gilliard habe ihn *„auf die Tatsache allgemeingültigen künstlerischen Wissens“* hingewiesen, betonte Itten noch 1951 in einer *„Autobiografischen Notiz“*: *„Diese Übungen – Kontrastübungen mit den Formelementen Quadrat, Kreis, Dreieck und ihren Ableitungen – machten mich mit den grundlegenden geometrischen Formen und ihren Kontrasten bekannt und bildeten eine Einführung in meine ungegenständlichen Gestaltungen der Jahre 1915–1919.*“

Auch die beiden Lehrbücher Eugène Grassets (1845–1917) über die Grundlagen der Gestaltung, die er nun

[2] Elodie Vitale: Le Bauhaus de Weimar. 1919–1925, Brüssel 1989.

in Genf kennenlernte, faszinierten ihn. Bei Grasset handelt es sich um „*eine systematische Darlegung der graphischen Darstellungsmittel und der elementaren geometrischen Grundformen mit ihren Variations- und Kombinationsmöglichkeiten.*“ Grasset „*geht es nicht um starre Regeln, sondern um die Anregung der Phantasie, denn mit dem zur Verfügung stehenden Vokabular könne jeder Künstler individuell, immer wieder neu und innovativ komponieren.*“[3]

Diese zweibändige *Methode de la composition ornamentale,* die 1905 publiziert wurde, legte, darin sind sich die Kunsthistoriker einig, das Fundament zu Ittens Lehre.

[3] Badura-Triska 1990, Bd. II, 97, Anm. 44.

STUTTGART 1913–1916

Nach dem Ende des Wintersemesters im Frühjahr 1913 kehrte Itten nach Bern zurück und beschloss, *„im Winter nach Stuttgart zu Adolf Hölzel zu gehen"*. Gemeint ist damit die Kunstakademie Stuttgart, wo der Künstler Adolf Hölzel (1853–1934) seit 1905 eine Professur innehatte. Ob Itten damals bereits Hölzels theoretische Abhandlung über *Künstlerische Ausdrucksmittel und deren Verhältnis zu Natur und Bild* bekannt war, ist ungewiss, aber durchaus möglich. Der Aufsatz wurde 1904 publiziert. Aber auch die Einzel-Ausstellung von Hölzel, die Itten im Juli in München in der Galerie Thannhauser gesehen hatte, kann der Auslöser gewesen sein. Wie so oft können mehrere Faktoren den Anstoß gegeben haben.

Zunächst begleitete Itten eine Berner Seminaristen-Gruppe nach München, wo er zum ersten Mal Arbeiten von Adolf Hölzel sah; auch Otto Morach nahm an dieser Reise teil, die teilweise zu Fuß unternommen wurde. Das könnte der Grund dafür gewesen sein, dass Itten den Weg nach Stuttgart im Herbst dann ebenfalls zu Fuß zurücklegte. Itten wird später sagen, dass die fünftägige Wanderung eine Art Einstimmung und Vorbereitung auf den neuen Lebensabschnitt war. Aber es war natürlich auch eine Möglichkeit, kostengünstig zu reisen; Itten hatte sich für sein weiteres Studium von seinem Onkel Geld geliehen und musste *„haushalten"*.

So mietete er in Stuttgart, etwas außerhalb der Stadt gelegen, an der Gänsheidestraße 56 ein kleines Gartenhäuschen. Im Winter war es im Häuschen bitterkalt, da quasi unbeheizbar, wie Itten schreibt, sodass er ein Atelier in einem Keller in der Stadt mietete und in der Akademie den Kurs *„Abendakt"* belegte, weil hier, auch wegen der unbekleideten Modelle, gut geheizt wurde.

Es schwingt etwas von ‚Künstlerromantik' mit in seiner Schilderung des Häuschens: *„Ein Eisenbett, ein*

Tischchen mit Stuhl, ein Tischchen mit Waschbecken, Wasserkrug und Spiegel, ein kleiner Eisenofen, vor der Tür neben der Treppe auf dem quadratmetergroßen Vorplätzchen ein Kistchen mit Spirituskocher." Immerhin gab es ein Bett. Morach und Brügger hatten ihm von den harten Zeiten in Paris erzählt, in denen sie auf dem Boden ihres Ateliers geschlafen hatten. Sie hatten auch selbst gekocht, was Itten nun in Stuttgart aus Kostengründen auch musste: „*Ich konnte mir kein Mittagessen gestatten*" und er lebte vegetarisch, von Brot, Suppe, getrockneten Bananen und Tee. Mit Hinweis auf Mazdaznan, von dieser Heilslehre er ‚gehört' hatte, wusste er: „*dass es in einem Kloster im Himalaja Mönche gab, die täglich nur ein paar Weizenkörner aßen.*" Also war er überzeugt, es ihnen gleichzutun. Ungewöhnlich an dieser Ernährungsweise ist lediglich, dass die Banane in diesen Jahren (importiert wurde sie nach Deutschland seit 1892 und erst nach dem Ersten Weltkrieg in größerem Umfang) „*selten und teuer und somit ein Luxusgut, das außerdem von dem Hauch der Exotik umgeben war*", so Kerstin Wilke in ihrer Dissertation.[1] Aber die Banane spielte in der vegetarischen Ernährung als Teil der Lebensreformbewegung eine wichtige Rolle.[2] Bananen wurden über Reformhäuser vertrieben, diese waren damals noch selten in Deutschland, obwohl bereits 1887 das erste Geschäft mit dem Namen „*Gesundheitszentrale*" in Berlin öffnete. Auch in Stuttgart gab es ab 1911 (bis 1935) eine entsprechende „*Reform-Einkaufsgenossenschaft*". Also wird Itten sich dort versorgt haben.

Noch bevor Itten sich eine Unterkunft gesucht hatte, erlebte er an der Akademie eine herbe Enttäuschung: Er war lediglich in die Zeichenklasse aufgenommen worden, nicht aber, wie er sich vorgestellt hatte, in die Meisterklasse von Hölzel. Es zeugt durchaus von seinem großen Selbstbewusstsein, zu meinen, dass man ihn direkt in eine Meisterklasse aufnehmen würde. Normalerweise durchläuft man das Studium, macht eine Art

[1] Dies.: Die deutsche Banane. Wirtschafts- und Kulturgeschichte der Banane im Deutschen Reich 1900–1939, Hannover 2004, 4.

[2] „*Unter den Anhängern der Reforkost fanden auch getrocknete Bananen zunehmend Verwendung, die über Spezialgeschäfte für Reformnahrungsmittel vertrieben wurden. Wegen ihres hohen Nährwertes sei für alle Anhänger der natürlichen Lebensweise ein besseres Fruchtnahrungsmittel kaum denkbar, so konnte man in einer lebensreformerischen Zeitschrift lesen*", (Lüthje: Bananen, in: Die Lebenskunst, 3/1914, 61–65). Bananen waren teuer, wie sich aus Anzeigen entnehmen lässt: Hochfeine getrocknete Bananen kosteten 1 Pfund 60 Pfennig. Verkauft wurden sie in Reformhäusern, von denen es 1925 zweihundert im Deutschen Reich gab.

Abschlussprüfung und kommt dann ganz am Ende erst in die Meisterklasse. Itten ging daraufhin persönlich zu Hölzel, der ihn an seine Schülerin Ida Kerkovius (1879–1970) verwies – Hölzel durfte keine Privatschüler nehmen – und empfahl, die Übungen und Vorträge bei ihm zu besuchen. Ida Kerkovius war etwas älter als Itten, hatte bereits bei Hölzel in Dachau studiert und nahm Itten als Schüler an: *„ihre eigenen Bilder waren mir etwas fremd, aber ich schwieg und lernte, was durch sie von Hölzel zu lernen war.“* Der Unterricht dauerte nur wenige Monate, dann kehrte sich das Verhältnis um, Kerkovius wurde Ittens Schülerin und setzte dies später fort, als sie 1920 an das Bauhaus in Weimar ging, wo Itten lehrte. Mit Kerkovius verband Itten eine lebenslange Freundschaft, von der viele Briefe und gegenseitige Besuche zeugen.

Im Gegensatz zum Unterricht in den Akademien, die auf Abzeichnen und Kopieren setzten, lehrte Hölzel die bildnerischen Grundlagen wie Farben, Formen, Linien und Hell-Dunkel Kontraste, dazu kamen Analysen „Alter Meister“ sowie Experimente mit Collagen und Materialmontagen. Ergänzt wurde dies einerseits durch private Ratschläge, so empfahl er Itten das Führen eines Tagebuchs, was Itten sein Leben lang beibehielt; und andererseits durch allgemeinere Hinweise, von deren Wirksamkeit Hölzel überzeugt war, wie die täglichen tausend Striche *„Handexerzitien“*, um die Hände zu lockern und sich auf die Aufgabe zu konzentrieren.

Seine unakademische Art des Unterrichts hat Hölzel selbst nie zusammenfassend als Lehre oder als ausformulierte Theorie festgehalten, überliefert sind mehr als 2.000 Blätter mit Notizen und Texten zu diversen Themenkomplexen. Vieles ist auch in den Mitschriften seiner Studenten festgehalten und nicht allein Itten notierte in seinen Stuttgarter Tagebüchern: *„Die Hauptsache des künstlerischen Unterrichts kann nur darin bestehen, das selbständige künstlerische Denken des Lernenden zu* *fördern.*" Zu der genauen und präzisen Durcharbeitung der Gesetzmäßigkeiten der künstlerischen Grundlagen gehörte zwingend, so sah es Hölzel, die Persönlichkeit des Lernenden, also Subjektivität, dazu, um mit Farben und Formen ein Kunstwerk zu schaffen. Grundlegendes, das Itten später in seinem Unterricht übernehmen und bei seinen Schülern fördern sollte.

In den ersten Monaten in Stuttgart fühlte sich Itten „*merkwürdig einsam*", nur allmählich lebte er sich ein und schloss Bekanntschaften. Bei seiner Vermieterin verdiente er sich durch Französischunterricht einmal wöchentlich eine warme Mittagsmahlzeit, seine Mitstudenten lernte er nach und nach bei den Vorträgen kennen: Willi Baumeister (1889–1955), Hermann Stemmler (1893–1918), Hermann Stenner (1891–1914) und Oskar Schlemmer (1888–1943). Letzterer führte gemeinsam mit seinem Bruder Wilhelm nach dem Vorbild der Galerie Der Sturm von Herwarth Walden in Berlin einen – leider nur kurzlebigen – Kunstsalon in der Neckarstraße.

Gerade mit dem späteren Bauhausmeister Oskar Schlemmer kam es zu lebhaften und oft auch gegensätzlichen Diskussionen, an die Schlemmer sich 1921 im Bauhaus Weimar, in einem Brief an den Künstlerfreund Otto Meyer-Amden (1885–1933), erinnert: „*Nun wieder in der Nähe Ittens – [...] – und in Stuttgart schon in dauernder, zwar freundlicher, Fehde mit ihm, um prinzipielle Dinge, in denen ich recht behielt, stellen sich die Gegensätze schärfer heraus.*"

Neben ausgedehnter Lektüre zu kunsthistorischen und kunsttheoretischen Themen begann Itten mit kubistisch geprägten Kompositionen: „*Es waren lauter Bilder in kubistischer Haltung, also nach frei rhythmischen, räumlich reliefartig modellierten Formen, stark konstruktiv, mit wenig Farbe.*" Dazu gehören ein *Stillleben mit Tulpen,* und ein *Selbstporträt mit Dackel,* das ihn noch mit Bart und vollem Haupthaar zeigt (Öl auf Leinwand, nur im Foto bekannt, heute verschollen).

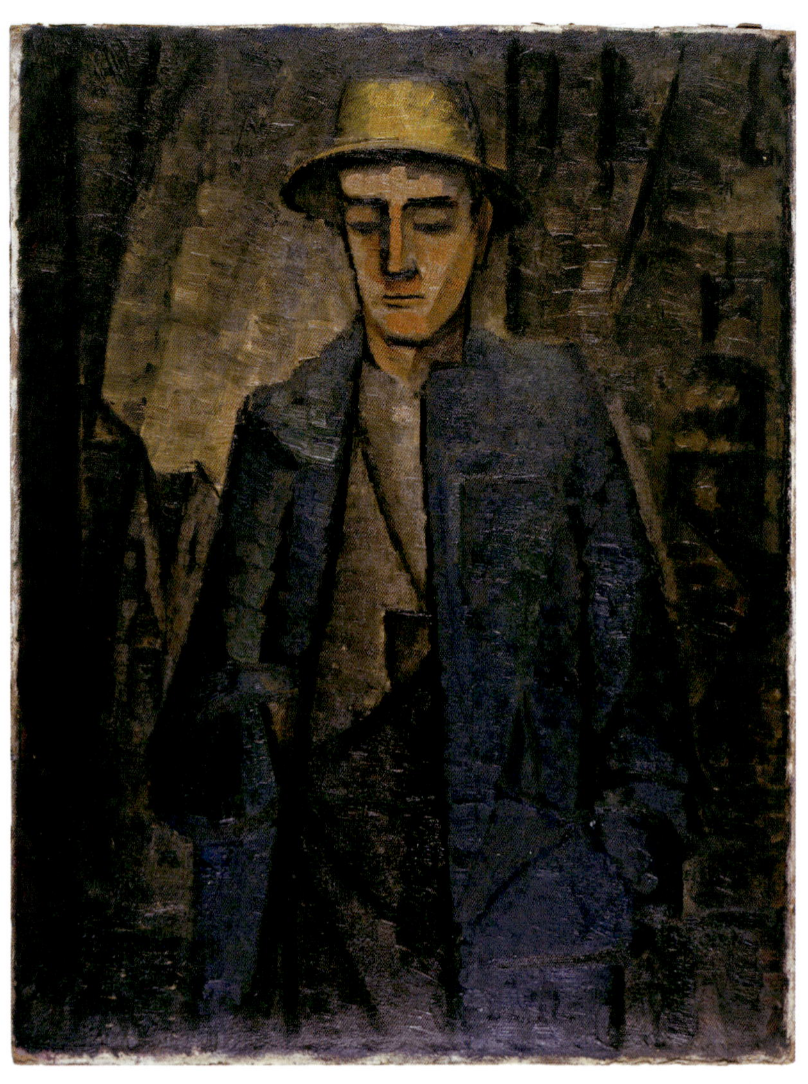

Dieses Gemälde, sichtbar wird hier der Einfluss Cézannes, konnte Itten im April 1914 auf einer Ausstellung im Goldenen Hirschen, dem neuen Kunsthaus in Stuttgart, an den Literaturprofessor Leo Benario, verkaufen. Der Verkauf verlängerte sein ‚Malerleben' in Deutschland um weitere zwei Monate. Er hatte sich bei der Ankunft in

Stuttgart seine ‚Barschaft' eingeteilt und wollte monatlich nicht mehr als 70 Schweizer Franken (für Wohnen, Essen und Privatstunden) ausgeben, dazu kamen aber auch noch die monatlichen Kosten für Papier, Leinwand und Farben. (Ein Schweizer Franken war 1913 etwa 6,50 Euro wert.)

Der Kriegsausbruch in Deutschland und auch Geldmangel ließen Itten im Juli zurück in die Schweiz fahren, um sich in seiner Heimat als Freiwilliger zu melden. Auf Grund seiner Sportverletzungen nahm man Itten nicht, er wurde zunächst zum Schreibdienst geschickt und übernahm dann nach kurzer Zeit wieder Lehramtsvertretungen. Als man ihm im November 1914 eines der freigewordenen Meisterateliers in Stuttgart anbot, lieh er sich erneut Geld, diesmal bei seiner Schwester, und fuhr wieder nach Deutschland. Sein Versuch, sich in Stuttgart für den Sanitätsdienst bei der deutschen Armee zu melden, wurde schroff abgewiesen: *„Das machen wir selber, das haben wir nicht nötig."*

Mann im blauen Kittel, 1914, Selbstdarstellung, Öl auf Karton, 79,5 x 62,5 cm, Kunstmuseum Bern

So zog sich Itten zum Malen zurück, wohnte weiterhin in seinem ‚Gartenhäuschen' und hatte inzwischen eigene Schüler, die ihm Adolf Hölzel vermittelt hatte. In einer Notiz, wie die Wiener Kunsthistorikerin Eva Badura-Triska schreibt, hielt Hölzel im Dezember 1914 fest: *„so habe ich es eingerichtet, daß Vorgeschrittene zu meiner Hilfe die Neueren entsprechend informieren. Nun sind aber die meisten meiner Schüler im Felde. Itten, ein begabter Schweizer, der sehr famos im neueren Sinn ausgestellt hatte, wollte mein Schüler werden. Der Konvent war anderer Meinung und steckte ihn aus komischen Gründen in die Zeichenklasse. So wurde er mein Privatschüler, hat auch zufällig in meiner Nähe ein Atelier zu mieten bekommen. Er macht sich prächtig und hat es nun übernommen, einen Neueingetretenen statt meiner zunächst zu unterweisen. Die Komik liegt nun darin, daß der, den er nun unterweist, auch schon die Mal- und Zeichenklasse absolviert hat, wenngleich er weniger kann. Itten ist aber vom Konvent für unreif erklärt worden."*[3]

[3] zit. n. Badura-Triska, 1990, Bd. II, 31.

Die Einnahmen aus seiner eigenen Unterrichtstätigkeit bescherten Itten nun ein regelmäßiges Einkommen. Er konnte sich ganz der Malerei widmen und zwischendurch, wie ein Klavier auf einem Foto zeigt, auch der Musik. Ende 1914 beendete Itten seine Tagebuch-Aufzeichnungen aus Hölzels Unterricht. In der Folge sind es Notizen, *„die Ittens selbständige Vertiefung des Lehrprogramms belegen“* und Notizen zu seiner Lektüre. Nahezu systematisch arbeitete er verschiedene Farblehren durch, erweiterte das Spektrum der Bildanalysen und beschäftigte sich mit außereuropäischer Plastik.

Kopfstudie (Helge Lindberg), 1915/16, Bleistift auf Papier, 29 x 19 cm, Johannes Itten Stiftung, Kunstmuseum Bern

Im Frühjahr 1915 wurde das Leben einfacher, in der *„Künstlerküche“*, die von wohlhabenden Stuttgarter Bürgern eingerichtet wurde, gab es preiswerte Mittagsgerichte. Hier lernte er Helge Lindberg (1887–1928) kennen, einen exzentrischen finnischen Sänger, der bald zu einem engen Freund werden sollte. *„Ich lernte von ihm vieles, was mir bis dahin unbekannt war.“* Lindberg war Sohn des Bürgermeisters von Helsinki und hatte 1907 in München begonnen, Gesang zu studieren. Zur Weiterbildung reiste er durch Europa, verheiratete sich und war durch den plötzlichen Tod des Vaters, der Schulden hinterließ, verarmt. Er hatte 1910 in Helsinki sein Debüt gegeben, dann sang er in Berlin und München. Er hatte in Frankfurt Bildhauerei studiert, war an der Psychoanalyse interessiert und versuchte sich auch als Schriftsteller. Mit Klavier- und Gesangstunden versuchte sich das Ehepaar Lindberg über Wasser zu halten und trotz der Armut war Helge Lindberg sehr stilbewusst. Er überredete Itten, sich *„aus bestem englischen Homespun-Stoff einen Anzug“* nähen zu lassen, der in Raten abbezahlt wurde. Itten erinnert sich Jahrzehnte später, dass Lindberg ihn auf seine Weigerung, soviel Geld auszugeben, antwortete: *„Du kannst doch niemandem zumuten, mit dir zusammen zu sein, wenn Du ungepflegt angezogen bist.“*

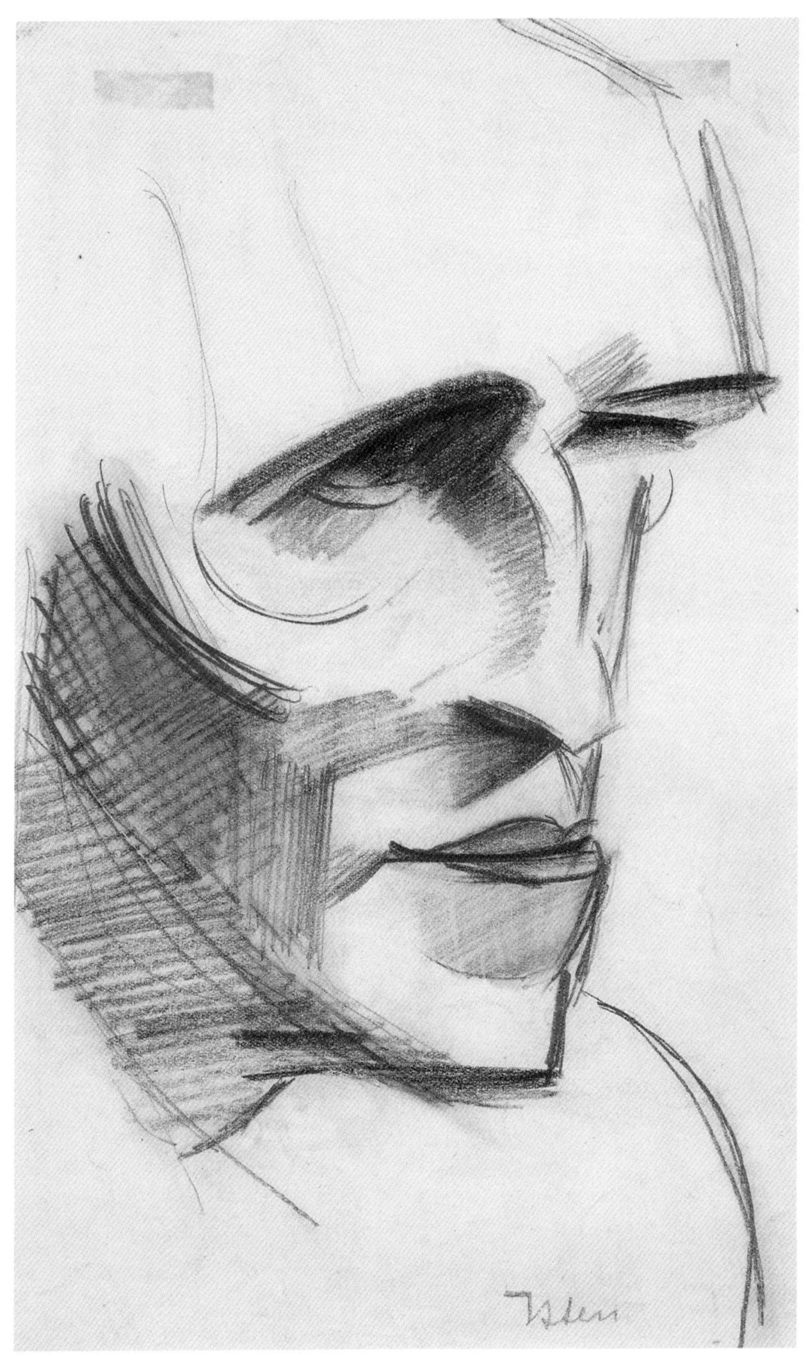

Es war eine radikale Wendung, nicht nur Ittens Kleidung änderte sich 1915, sondern auch sein Aussehen: Itten rasierte sich eine Glatze und nahm den Bart ab. Noch bei der Ankunft in Stuttgart trug er langes Haupthaar und einen langen Vollbart, beides seit seinem Aufenthalt an der Kunstakademie Genf 1909. Die Gründe für diesen radikalen ‚Schnitt' bleiben im Dunkeln, Itten hat sich selbst nie dazu geäußert. *„Ein kahler Kopf ist ein unerheblicher Mangel, wenn auf der Stirn der Genius blitzt"*, so der Futurist Filippo T. Marinetti zu diesem Thema. Es war eine gemeinsame Aktion, denn auch Studienfreund Oskar Schlemmer, von der Front im Heimaturlaub, ‚trug' nun Glatze, ebenso wie Helge Lindberg.

Für den damals 27-jährigen Oskar Schlemmer war es eine Notwendigkeit, denn er litt vermutlich unter vorzeitigem Haarausfall, für die etwa gleichaltrigen Freunde Lindberg und Itten nicht. Ittens Haupthaar war voll und dicht, sieht man von den beginnenden Geheimratsecken ab. Bei Itten scheint es sich um eine ‚Attitude' zu handeln, gemeint ist damit, dass er sein Künstlersein betonen wollte und seine Person sozusagen inszenierte, wie auch beispielsweise sein großes Vorbild Vincent van Gogh. Itten war ein gutaussehender Mann, hatte ausdrucksstarke Züge – Kerkovius malte ihn z. B. *„mit Herzlippen"* – und wusste dies bei Fotoaufnahmen geschickt in Szene zu setzen. Ein Foto zeigt Itten seitlich im Porträt in einem Anzug, vielleicht sogar dem, den er sich auf Lindbergs Tadel hin hatte nähen lassen. In der Hand hält er eine Zigarette, den Arm lässig auf der Stuhllehne aufgestützt. Im Hintergrund sieht man sein Gemälde *Barmherzige Samariter*.

Mit Helge Lindberg verband Itten eine intensive Freundschaft, sie diskutierten oft über Musik und wie Itten in seinen Erinnerungen schrieb, gab er Lindberg den Anstoß zu einer Reihe von Konzerten mit Bach- und Mozart-Arien. Ein Musiklexikon nennt Lindberg einen ungewöhnlichen, fast exzentrischen Sänger, der *„aus-*

schließlich Liedkonzerte, deren Programme Musik vom Barock bis zur Moderne umfassten" gab und beschreibt ihn wie folgt: „*als Sänger strebte er nach reinem Ausdruck, und seine mächtige Gestalt wurde beim mitteleuropäischen Publikum legendär.*"[4] Itten machte Lindberg auch auf die Atemlehre in der Mazdaznan-Lehre aufmerksam, die er, wie er 1948 in einer Rückschau schrieb, „*ganz flüchtig kannte*".

Im Herbst 1915 zog Itten von der Gänsheidestraße in die Friedenstraße Nr. 11 um. Es war das Atelier seines Studienfreundes Hermann Stenner, der bereits im Dezember 1914 gefallen war. Dieses Atelier bot auch ausreichend Platz für ein Klavier, wie auf Fotos zu erkennen ist. Itten hatte sich inzwischen ja für das Malen entschieden, dennoch spielte er fast täglich, besonders in Krisensituationen: „*in jenen Wochen*" (gemeint sind die Wochen nach dem Freitod seiner Freundin Hildegard Wendlandt) „*spielte ich sehr viel Bachs zweistimmige Inventionen und Ähnliches.*"

Die malerischen Probleme, die Itten 1915 beschäftigten, beschrieb er in seinem Stuttgarter Tagebuch wie folgt: „*erstens Probleme expressiver Art: eine schwebende Form, eine sich in eine bestimmte Richtung fortbewegende Form, die festgehaltene Form, die in sich bewegte und die sich aus sich herausbewegende Form und so weiter. Zweitens Probleme räumlicher Art und Farbengleichgewichte.*" und weiter: „*Der Maler hat als Ausdrucksmittel Linien, Formen, Helldunkel und Farben. Wie er mit diesen durch gute Proportionen, Formverhältnisse und Verteilungen von Farbkontrasten ein lebendiges, ausdrucksvolles klingendes Ganzes erschafft, macht seine Künstler-Arbeit aus. Die Mittel gesetzmäßig als Ausdrucksmittel verwertet, ergibt in der Vollendung das geniale Werk.*"[5] Unwesentlich war ihm dabei, ob Formen und Farben Gegenständliches zeigten, oder ob sie aufgelöst wurden bis hin zur Abstraktion. Seine Tagebücher aus jenen Jahren zeigen die Suche nach der ‚richtigen' Form, die in vielen

[4] http://finnland-institut.de/musik-beziehungen/helge_lindberg.html; letzter Abruf: 18.08.2015.

[5] zit. n. Badura-Triska, 1990, Bd. I, 56 u. 57.

Skizzen festgehalten wurde. Er nahm auch an Ausstellungen teil, so an zwei Weihnachtsausstellungen 1915 in Bern und Wiesbaden, auf denen er aber keine Verkäufe tätigte. In Bern wurde der *Barmherzige Samariter* ausgestellt, er sollte 3000 Franken kosten.

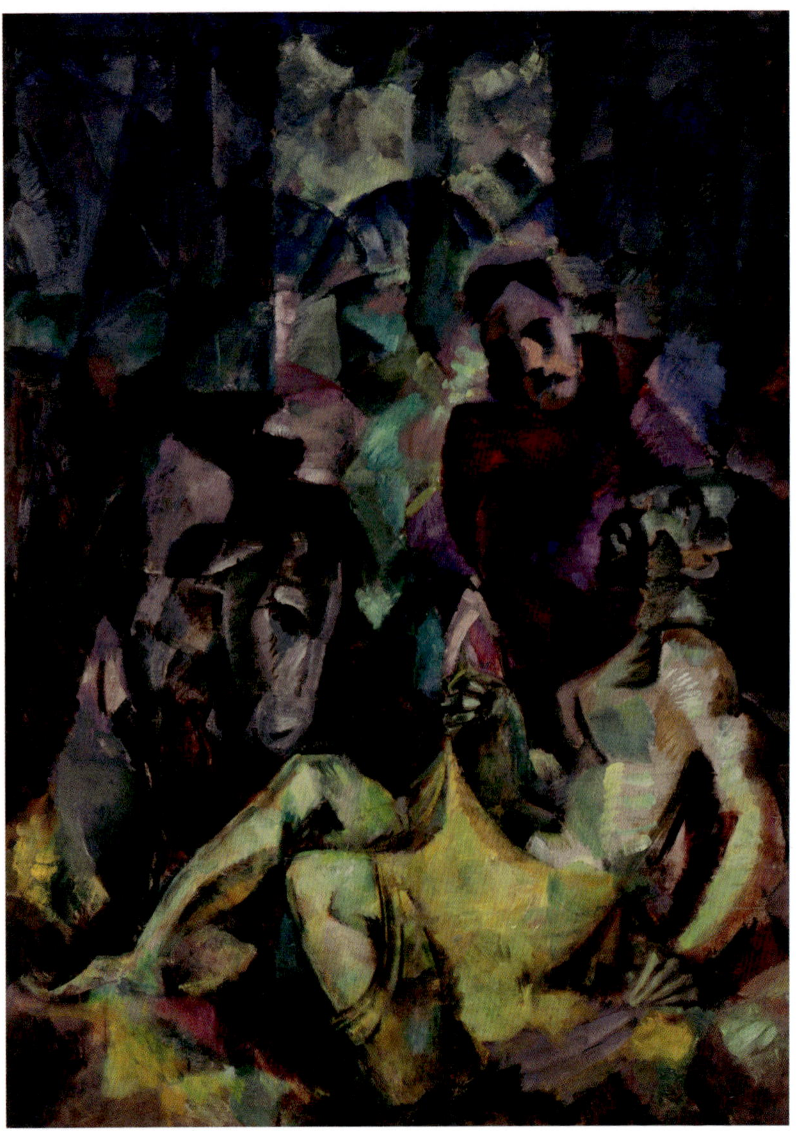

In diesem Winter 1915/16 verwirrten ihn vor allem die Frauen. Da war eine Schweizer Studienfreundin, die ein Musikstudium in Stuttgart begann: *„Sie blieb bis zum Frühjahr und reiste dann tief enttäuscht ab“*, dann die junge Wiener Schauspielerin Hildegard Wendlandt. Sie war am Stuttgarter Hoftheater engagiert und mit Itten verband sie ein enges platonisches Verhältnis. Er lehnte wohl die körperliche Liebe ab, denn in seinem Tagebuch notierte er: *„Ein Künstler ist oft unfähig zur Liebe zum Weib, weil die Liebe zum Ruhm ihn absorbiert. So möchtest Du, liebe Hilde Amelind, sehen, welcher Art meine Liebe zu Dir ist. Du wirst mich dann verstehen. Wer diesen Urgrund der Liebe nicht kennt als Künstler, wird unglücklich sein, und er wird Unglück säen.“*[6] Ob er ihr einen Brief geschrieben hat oder diese Worte ein Gespräch vorbreiten sollten, bleibt ungewiss. Nach einem gemeinsamen, allerdings bereits in der Pause abgebrochenen Opernabend, ließ sie sich nach Hause bringen und vergiftete sich in der Nacht. Itten brauchte lange, um dieses Erlebnis zu verarbeiten und versuchte dies mit einem Gemälde, dem er zwei Fassungen gab. Beide Fassungen sind nur durch Fotografien dokumentiert und verschollen.

Barmherziger Samariter, 1915, Öl auf Leinwand, 200 x 150 cm Gottfried-Keller-Stiftung, Kunstmuseum Luzern

Im diesem, für Itten so bewegten Frühjahr 1916, malte er auch seinen Freund Lindberg, das Gemälde nannte er *Der Bachsänger*, es sollte *„das großartig objektive und kosmisch abstrakte Bachsche Musizieren zum Erleben bringen.“*

Es zeigt den Weg Ittens von der gegenständlichen Form zur Abstraktion, man erkennt zwar noch die Gestalt des Sängers und die Katze zu seinen Füssen, jedoch sind beide Figuren aufgelöst in abschattierte Farbfelder. Man erkennt auch den Einfluss von Robert Delaunay, dessen Bilder Itten kannte – obwohl er dies stets vehement abgestritten hat. In Ittens Besitz befand sich seit 1915 der Almanach *Der Blaue Reiter*, in dem einige Bilder von Delaunay abgedruckt waren.

„Das Lindberg Bild konnte erst so komponiert werden, wie es jetzt ist, nachdem ich viele Versuche über

[6] zit. n. Badura-Triska, 1990, Bd. I, 43 u. 44.

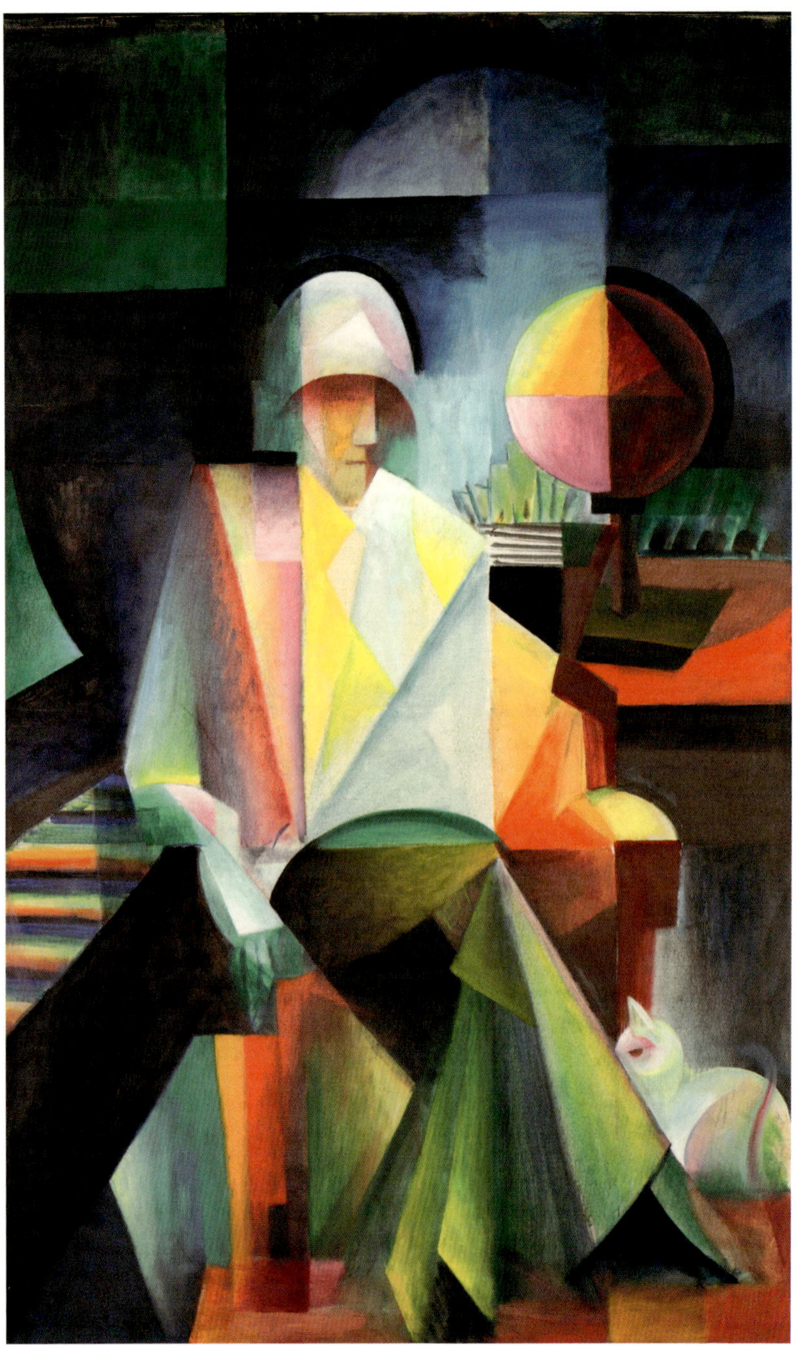

die Tiefenwirkung der Farben gemacht hatte. Die Farben sind in diesem Bildnis so komponiert, dass die eine Farbe die nächste raumplastisch bindet und dort die Illusion der Tiefe entstehen kann, dass also die flächige Bildwirkung da ist, trotz der starken tiefenillusionistischen Farb- und Richtungskräfte. Ich hatte durch viele genaue Versuche festgestellt, dass die Tiefenwirkungen der sechs Hauptfarben (Farben erster und zweiter Ordnung) in der Proportion der Goldenen-Schnitt-Reihe stehen, dass aber alle diese räumlichen Farbwirkungen auf relativen und nicht absoluten Wirkungen, also auf Kontrastwirkungen beruhen, die ich auf fast unendliche Weise verändern und variieren konnte.“

Im Tagebuch finden sich unter dem Datum 20. Mai 1916 mehrere Skizzen und der Text: *„Hell-Dunkel: A aus Dunkel, B aus Hellem heraus einander zustrebend. B hell, kalt, A dunkel, warm. Das Helldunkel als selbstverständlicher Rhythmus horizontal und vertikal. Die Verwerfungen sehr genau balancieren im Hell-Dunkel, Kalt-Warm und im Horizontal-Vertikal.“* Badura-Triska fasst zusammen: *„in der* Begegnung *versinnbildlichen zwei einander in der Bildmitte treffende, farblich vom Dunkel ins Helle führende Spiralen die Wiedervereinigung.“*[7]

Der Bachsänger, 1916, Öl auf Leinwand, 160 x 100 cm, Kunstmuseum Stuttgart

Im Mai 1916 stellte Itten auf Vermittlung von Hölzel in der berühmten Sturm-Galerie von Herwarth Walden in Berlin aus. Zur Eröffnung der Ausstellung, in der von ihm 24 Bilder und 33 Zeichnungen neben Gemälden von Georg Schrimpf (1889–1938) gezeigt wurden, reiste er im Mai nach Berlin. Neben dem Ehepaar Walden lernte er auch Georg Muche (1895–1987) und dessen damalige Freundin, die niederländische Dichterin Sophie van Leer (1892–1953) kennen. Beide arbeiten bei Walden, van Leer als Sekretärin und Muche später als Lehrer an der Sturm-Schule. Van Leer war seit 1915 praktizierende Mazdaznan-Anhängerin und hatte auch Muche dafür gewonnen. Mit Muche, der 1921 an das

[7] Siehe Wien, Zürich 1988, 9–13.

Weimarer Bauhaus berufen wurde, verband Itten infolgedessen eine lebenslange Freundschaft.

Aber bleiben wir bei den Frauen: Unter den Stuttgarter Schülern war Agathe Mark (1984–1973), eine *„hübsche kluge Frau“.* Sie kam mit einem Stipendium aus Wien nach Stuttgart, um bei Hölzel zu studieren, der sie zu Itten schickte. Ihre erste Begegnung 1916 schilderte sie: *„Es öffnete ein Mann mit kahlem Kopf. Er trug einen Mantel, den ich zunächst für eine Mönchskutte hielt.“*[8]

Die Begegnung, 1916, Öl auf Leinwand, 105 x 80 cm, Kunsthaus Zürich

Rasch zählte sie zu seinen Schülern, und *„eines Tages blitzte Fräulein Mark mich an und sagte: ‚Was tun Sie eigentlich hier in Stuttgart?‘“* Ihrer Meinung nach gehörte er in eine Großstadt – nach Wien, und sie lud ihn dorthin ein. Drei Schüler habe sie schon und weitere würden folgen, wäre er einmal dort.

So fuhr Itten im Sommer 1916 nach Wien, um sich ein eigenes Urteil zu bilden. *„Wien gefiel mir, es war großzügig in der Anlage. Burgtheater, Oper, Konzerte lockten, und die Menschen, die ich kennenlernte, waren offener, frischer und intelligenter als die in Stuttgart.“*

Um den neun Jahre älteren Maler Paul Klee endlich persönlich kennenzulernen, hatte er einen Umweg über München gemacht. Schon mehrfach hatte Itten Gemälde des Sohns seines ehemaligen Musiklehrers gesehen, 1910 im Kunstmuseum Bern, 1912 auf der Sonderbund-Ausstellung in Köln. Von der Klee-Ausstellung im *Ersten Deutschen Herbstsalon* ließ er sich den Katalog schicken.

Es war eine Begegnung, die ihn sehr begeisterte, und 1948 schrieb er: *„In München besuchte ich Paul Klee und blieb zwei ganze Tage.“*

Im Herbst des Jahres 1916 veranstaltete der Kunstverein Freiburg die Ausstellung *Hölzel und sein Kreis,* hier stellte Itten nicht nur seine Bilder aus, sondern im Katalog wurde sein erster kunsttheoretischer Text *Fragmentarisches* publiziert (nachzulesen bei Rotzler). In insgesamt vier Kapiteln ging er zunächst auf *„Umwelt und Mensch“* ein: *„Jede Menschenart aber ist*

[8] Anneliese Itten: Itten von seinen Freunden gesehen, o. J., 10. Mit Agathe Mark-Kornfeld blieb Itten ein Leben lang befreundet, im Zweiten Weltkrieg wohnte sie eine Zeitlang in seinem Haushalt in Zürich.

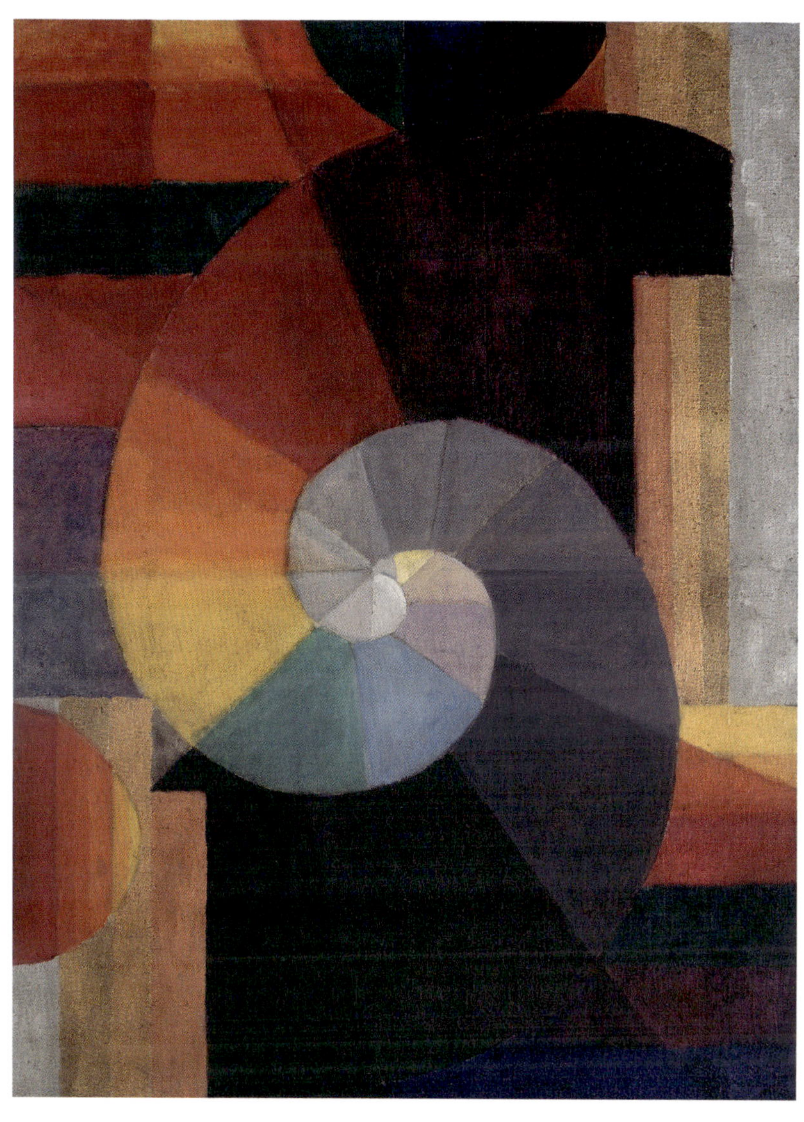

wieder ein unendliches Unterscheidbares. Die Werke der Menschen sind unendlich unterscheidbar." Im zweiten Kapitel schreibt er: „*Der Formkünstler: Die am besten fassbare Form ist die geometrische, deren Grundelemente der Kreis, das Quadrat, das Dreieck sind. In diesen drei*

Formelementen liegt jede mögliche Form keimhaft. Sichtbar dem Sehenden – unsichtbar dem Nichtsehenden". Dieses Kapitel schließt mit: „*Das Werk ist die Erscheinung des Ewigen, beleuchtet durch die unendliche Variabilität des Zufälligen. Durch die Trübe des Zufälligen dem weißen Absoluten nahezukommen gilt es. Ich strebe nach der unendlich fernen, der unendlich sonnenfernen Nähe des absolut Weißen.*" Wie Rotzler dazu festhält, verband Itten „*mit dem Weiß – in Anlehnung an Laotse – die Vorstellung des absolut Reinen, Geistigen.*"

Im dritten Kapitel nennt er die „*Mittel der Darstellung*", u. a. die sieben Farb-Kontraste nach Professor Hölzel: „*1. Farbe an sich und für sich, 2. Intensität, 3. Qualität, 4. Hell-Dunkel. 5. Komplementär, 6. Simultan und 7. Kalt-Warm.*" Er schließt mit der Aufzählung von Form- Kontrasten und mit den Worten: „*alles gewahrt der Künstler mit empfänglichen Sinnen und erschafft mit kindlicher Andacht das Symbol, das Gleichnis – zielstrebend Ziellosen zu.*"

Mit dieser Ausstellung verabschiedete sich Itten aus Deutschland und übersiedelte im September 1916 nach Wien.

WIEN 1916–1919

Agathe Mark-Kornfeld (1894–1973), inzwischen war sie verheiratet, hatte in Wien alles gut vorbereitet, neben Schülern erwartete Itten ein *„kleines, sehr sauberes Zimmerchen, das sie in einem altem Haus gemietet hatte für mich"*. Dazu lud sie ihn zum Essen und zu einem Opernbesuch ein, Itten äußerte sich noch 1948 begeistert darüber: *„Festvorstellung – Richard Strauss dirigierte den Rosenkavalier* [...] *Nach jeder Arie zitterte das ganze Haus vor freudigem Beifall."*

Das *„kleine Zimmerchen"* lag wohl an der Pötzleinsdorfer Straße 50; Itten zog aber bereits am 26. Oktober in eine größere Wohnung mit Atelier in der Peter-Jordan-Straße 86 um und beschrieb seine neue Wohnung: *„Nach Süden ein Zimmer fünf auf sechs Meter und in der ganzen Breite ein großes Rundbogenfenster* [...] *Ein kleiner Vorraum hatte Gasanschluss, und nach Westen lag ein kleines Schlafzimmerchen."*[1] Hier wohnte Itten während seiner gesamten Wiener Zeit. Die damals in Wien ansässige dänische Schriftstellerin Karin Michaëlis (1872–1950), eine genaue Beobachterin des kulturellen Lebens in Wien, berichtet in ihrem Buch *Das heilige Feuer*: *„Zwischen weißgetünchten Wänden der Wohnung lebt er sein asketisches Einsiedlerleben während fünf Tage der Woche, den Tag und wohl auch den größten Teil der Nacht mit seinem Malexperimenten beschäftigt. Aus vielmehr als Wasser und Brot bestehen seine Mahlzeiten sicher nicht, aber in der strengsten Winterzeit stehen dort seltsam schöne Vasen und Gläser zu Dutzenden, mit den seltensten Blumen gefüllt. Bedarf seine rastlose Seele der Zerstreuung, so findet er sie in der Welt der Musik. Er spielt Orgel und bläst Flöte."*[2] In der Tat stand in der Wohnung ein Harmonium, gemietet als Geschenk von Anne Höllering. Itten sagte später: *„es zitterte das ganze Haus, wenn ich in meinem Dachstock richtig loslegte."* Die Miete war ein Geschenk von Anna Höllering.

[1] zit. n. Rotzler, 1978, 29.

[2] Karin Michaëlis: Das heilige Feuer. Schicksale und Menschen, Dresden 1930, 326.

In diesem Wohnatelier begann Itten Ende Oktober 1916 mit dem Unterricht. Zu den ersten Schülern zählten neben Agathe Mark-Kornfeld, deren Bruder Richard (1902–1976) und deren frühere Lehrerin Marie Cyrenius (1872–1959), die beide später mit nach Weimar gehen sollten. Auch Anna Höllering (1895–1987) gehörte zu seinen ersten Schülerinnen, sie studierte Schauspielerei an der Wiener Kaiserlichen und Königlichen Akademie für Musik und darstellende Kunst und war Mitglied in der *Vereinigung Bildender Künstlerinnen.* In den Räumen der Vereinigung hielt Itten später, im Mai 1917, erstmals seinen Vortrag über Kompositionslehre, den er am 6. Juni im Kunsthistorischen Institut der Universität Wien auf Einladung des Lehrstuhlinhabers Josef Strzygowski (1862–1941) wiederholen sollte. Der Vortrag ist von Willy Rotzler vollständig publiziert worden.

Anna Höllering wurde seine engste Freundin, er schrieb ihr oft und ausführlich bis weit in die Weimarer Jahre hinein und redete sie oft mit *„meine liebe, liebste Anna“* in seinen kalligrafisch gestalteten Briefen an. Er nannte sie die *„Gotische“* und widmete ihr zahlreiche Gedichte und Skizzen. Aber offensichtlich dachten beide nicht an Heirat, denn dieses Wort fiel von Ittens Seite erst später im Zusammenhang mit Emmy Anbelang (1896–1918), die ebenfalls zu seinen damaligen Schülerinnen gehörte. Höllering heiratete 1923 einen Schriftsteller, der sich 1929 das Leben nahm. Sie ging dann 1930 nach Berlin, spielte am Theater am Schiffbauerdamm und war jahrelang als Film-Cutterin tätig.

Wann Emmy Anbelang, eine Freundin Anna Höllerings, genau seine Schülerin wurde, konnte bislang nicht geklärt werden; sie war die letzte Freundin und Geliebte Gustav Klimts (1862–1918) und fiel nach dessen Tod im Februar 1918 in eine tiefe Krise. Daher baten Emmys Eltern Itten, sich um ihre Tochter zu kümmern, die in einem Sanatorium außerhalb Wiens untergebracht war. Es entwickelte sich eine Liebesbeziehung, die einerseits die Freundschaft zu Anna Höllering belastete, andererseits Itten ans Heiraten denken ließ. Er überlegte dies wohl während eines langen Sommer-Aufenthaltes 1918 im schweizerischen Sigriswil und schrieb am 9. Dezember 1918 an Otto Morach, dass er plane, im Frühjahr 1919 zu heiraten und sich dann in der Schweiz niederzulassen. Aber dazu kam es nicht, denn Emmy Anbelang, die Itten „*Maria*“ nannte, starb am 14. Dezember 1918 an der Spanischen Grippe. Itten heiratete knapp ein Jahr darauf ihre Schwester Hildegard (1894–1952), am 10. September 1919 in Thun. Die Familie Anbelang, der Vater war Kommerzialrat und hatte von seinem Onkel die Fischkonservenfabriken Carl Warhanek geerbt, zählte 1910 zu den reichsten Familien Wiens, verlor aber im Ersten Weltkrieg einen Teil ihres Vermögens.

Das Gemälde *Komposition in Blau* entstand nach dem Tode Emmy Anbelangs und war ihr gewidmet, wie Itten 1964 in einer Notiz festhielt „*ich malte dieses Bild im Gedanken an einen sehr lieben Menschen, der plötzlich gestorben war.*“

Itten fühlte sich in den Wiener Jahren „*sehr allein*“, wie er Otto Morach schrieb: „*Kann mit keinem Künstler verkehren, weil alle irgendwie unrein sind in ihren Absichten.*“ Und in einer autobiografischen Notiz von 1955: „*In völliger Abgeschlossenheit von der Welt der internationalen Künstlerschaft malte ich in Wien eine Serie von ungegenständlichen Bildern*“, dennoch aber nahm er am intellektuellen Leben teil, er war oft Gast in den verschiedenen Salons in Wien und lernte hier Schriftsteller, Musiker, Komponisten und Architekten kennen.

Den Architekten und Kunstkritiker Adolf Loos (1870–1933), der ihm zu einer Ausstellung verhalf und ihn in einer Publikation als Vorbild hinstellte, traf er wohl bei Eugenie Schwarzwald (1872–1940), genannt „*Genia*“. Sie hatte eine private, sehr fortschrittliche Mädchenschule gegründet, die ab 1913 an der Herrengasse 6–8 in von Adolf Loos eingerichteten Räumen untergebracht war. Hier arbeitete Oskar Kokoschka (1886–1980) zeitweise als Zeichenlehrer, Adolf Loos unterrichtete Kunstgeschichte und auch der Komponist Arnold Schönberg (1874–1951) nutzte die Räume für seinen Unterricht, sogar Konzerte fanden hier statt.

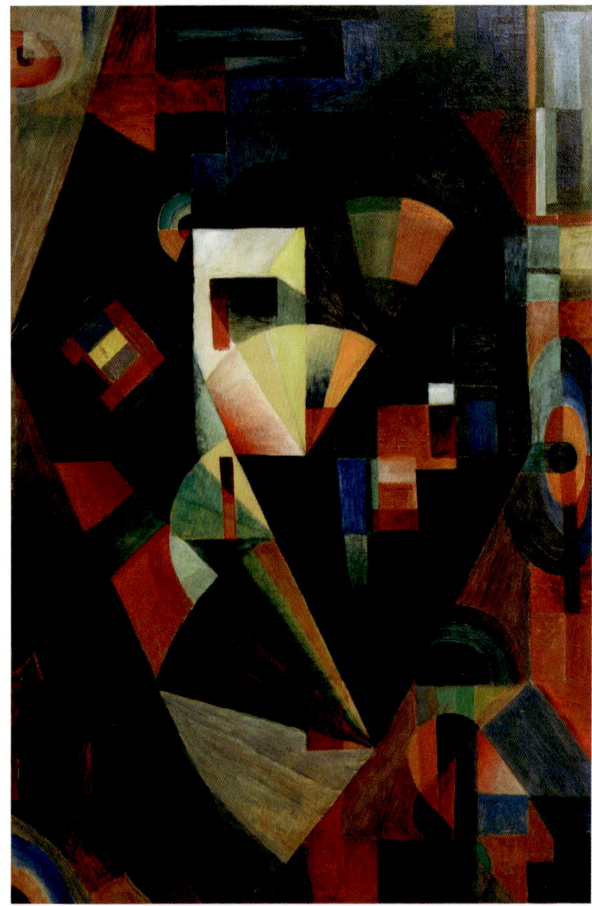

Komposition in Blau, 1918, Öl auf Leinwand, 120 x 80,5 cm, Gottfried Keller-Stiftung, Kunstmuseum Bern

Im Salon von Eugenie Schwarzwald in der Josefstädter Straße, ebenfalls von Adolf Loos eingerichtet, lernte Itten neben den obengenannten Künstlern weitere Wiener Größen der damaligen Zeit kennen: den Komponisten und Musikwissenschaftler Egon Wellesz (1885–1974), der ebenfalls an der Mädchenschule unterrichtete und dessen Frau Emmy zu Ittens Schülerinnen zählte; den Schriftsteller Alfred Polgar (1873–1955), den Journalisten, Schriftsteller und Kabarettisten Egon Friedell (1878–1938), den Schriftsteller und Theaterkritiker Robert Musil (1880–1942) und die zuvor erwähnte Schriftstellerin und Kritikerin Karin Michaëlis. Der Kreis erweiterte sich 1917 im Salon Alma Mahlers, hier waren es: die Künstler Gustav Klimt, Koloman Moser (1868–1918), der Maler und Kunsthändler und zugleich Stiefvater Alma Mahlers Carl Moll (1861–1945), der Architekt und Hochschullehrer Heinrich Tessenow (1876–1950) und der Schriftsteller Franz Werfel (1890–1945, der spätere Ehemann Alma Mahlers). Itten notierte diese und weitere Namen rückblickend im Jahr 1965 auf der letzten Seite eines Zeichenblocks.

Es dürften anregende Begegnungen gewesen sein, die Itten nicht allein neue Schüler brachten, sondern ihn auch zur Beschäftigung mit neuen Themenkreisen anregten. Wie Badura-Triska 1988 ausführt, war es weiterhin, wie in Stuttgart, kunsthistorische und kunsttheoretische Literatur, „*sein Hauptinteresse richtete sich nun jedoch auf philosophisch-religiöse Fragen*“. In den Wiener Tagebüchern lassen sich zahlreiche Exzerpte und Literaturhinweise finden von Edouard Schurés *Die großen Eingeweihten* über Anni Besants *Die uralte Weisheit* bis hin zu den in der Zeit vielgelesenen Novellen von Honoré de Balzac *Seraphita* und *Louis Lambert*. Balzac macht hier Aussagen über die mystische Natur der Zahl, etwas das Itten ja schon in den Stuttgarter Jahren beschäftigte.

Weniger intensiv war die Auseinandersetzung Ittens mit Literatur zu Farblehren und -theorien, dies hatte er ausführlich während der Stuttgarter Jahre betrieben. Dafür las er in Wien das musiktheoretische Buch von Ernst Kurth *Grundlagen des linearen Kontrapunkts. Einführung in Stil und Technik von Bach's melodischer Polyphonie*, das ihn, wie viele andere Künstler in dieser Zeit begeisterte.

Die Beschäftigung *„mit Zahlenmystik, mit Zahlen und Zahlenverhältnissen als Symbolen überindividueller gottgegebener Ordnungen“* fand ihren Niederschlag in den Ölgemälden dieser Jahre. Wie die umfangreichen Notizen, Berechnungen und Skizzen in den Tagebüchern zeigen, wurden die Bilder sorgfältig vorbereitet. Oft lag ihnen auch ein persönliches Erlebnis zugrunde wie beispielsweise beim Gemälde *Der rote Turm*.

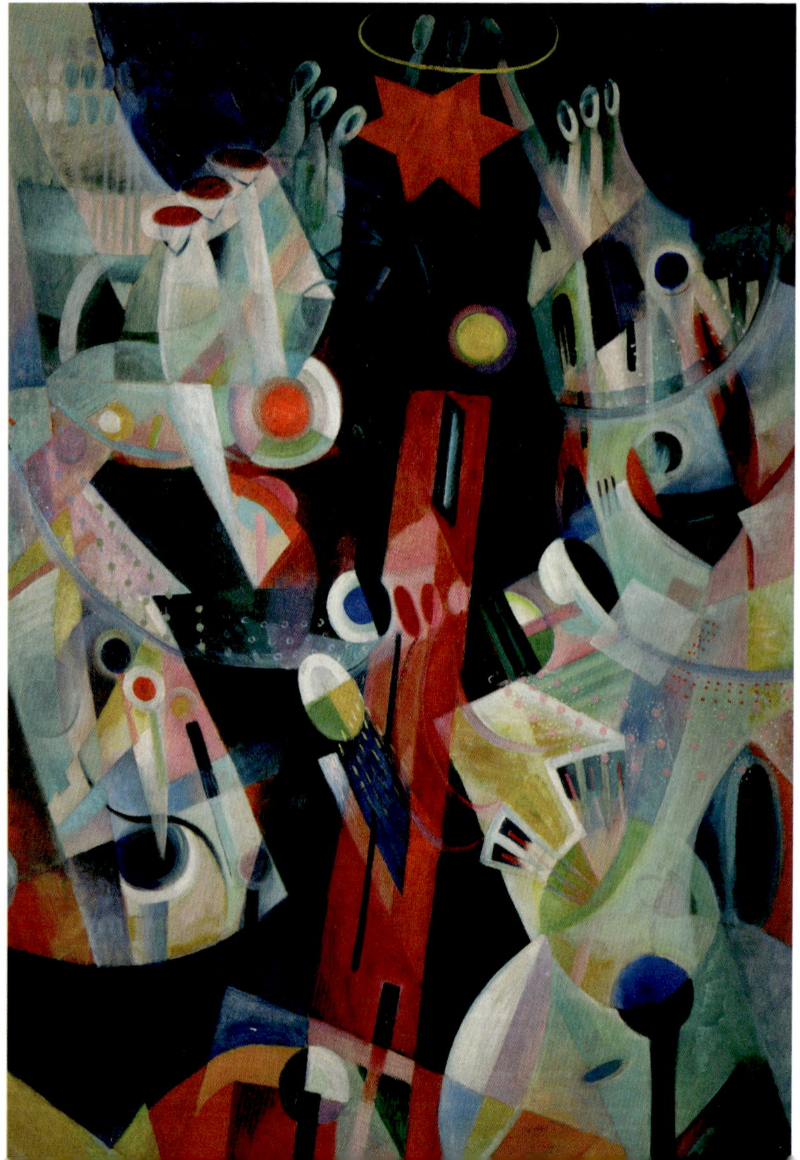

Der rote Turm, 1917/18, Öl auf Leinwand, 141 x 100 cm, Museum Moderner Kunst-Stiftung Ludwig, Wien

Hier war es der Ausblick auf die Umgebung: „*Eines Morgens, ich fühlte mich leer und in die Ferne äugend, als ich plötzlich auf der gegenüberliegenden Seite des kleinen Tales das große Frauen- und Kinderspital fixierte und schaute und schaute. Die kleinen Rauchschleier um die Kamine fingen meinen Blick ein, ich sah plötzlich Geburten und Tode, sah Leben beschützende, singende Luftwesen und begann das Bild ‚Der rote Turm'. Ich arbeitete vier Monate daran.*" Badura-Triska schreibt dazu: „*Dynamisch einander überschneidende Formen, reich differenzierte Hell-Dunkelwerte geben dieser Reflektion über den Kreislauf des Lebens ihren lebendig pulsierenden Charakter.*"

Auch zum Bild *Ländliches Fest* gibt Itten Auskunft über den Malimpuls: „*Zuerst war der Farbklang Weiß-Gelb-Orange-Blau da, und aus diesem robusten, aktiven Klang*

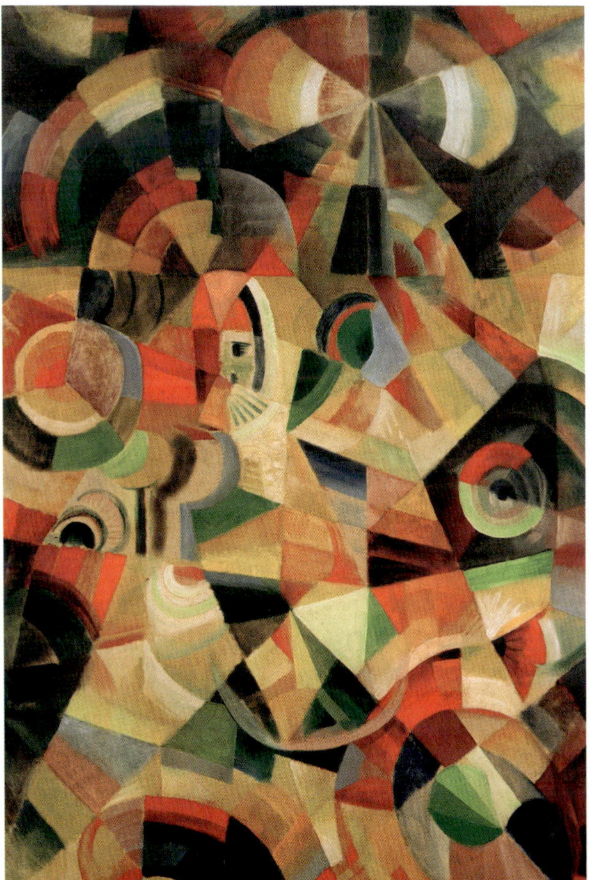

Ländliches Fest 1917/18, Öl auf Leinwand, 140 x 100 cm, Dauerleihgabe aus Privatbesitz, Saarland-Museum, Saarbrücken

entwickelte ich die Formen und die großschwingende Bewegung. Erst als das Bild fertig war, kam mir plötzlich sein Titel: ‚Danse rustique'.“

Den Gemälden liegen mathematische Konstruktionen zugrunde, mal ergeben die *„magischen“* Zahlen drei, vier und sieben eine Grundordnung, mal berechnete Itten präzise die Komposition mit mathematischen Formeln: *„Ich zeichnete ein Quadrat und zog seine Diagonale. Wenn die Quadratseitenlänge 1 ist, so ist die Diagonallänge √2. Mit dieser Länge errichtete ich auf der Quadratseite ein Rechteck, in diesem wieder eine Diagonale, welche √3 lang ist.“* Immer wieder analysierte er die Bilder „Alter Meister“, um sich an den Kompositionsschemata zu schulen, aber auch außereuropäische Plastiken wurden hinzugezogen. Neben den großen Ölgemälden, den zahlreichen Bleistift- und Farbskizzen, stammen viele Aktzeichnungen aus den Wiener Jahren.

Es sind weniger exakte Wiedergaben des menschlichen Körpers, sondern Itten interessierten der Körper in Bewegung und die Möglichkeiten der Darstellung: *„Ich habe, wie mir scheint, eine Lösung gefunden für das Darstellen der inneren Bewegung in einem Akt.“* Die figürlichen und später abstrakten Plastiken aus den Wiener Jahren sind verschollen und nur noch durch Fotografien übermittelt.

Tanzender Akt, 1918, Bleistift und Wachskreide, 52 x 36 cm, Bauhaus-Archiv Berlin

Grundthema aller Arbeiten war Ittens Bestreben nach Harmonie, er wollte die Gegensätze aufheben und zu einer Einheit zusammenführen, in der er das Göttliche in Form einer ungeteilten Einheit sah. Schon kurz nach seiner Ankunft in Wien, notierte er im Oktober oder November 1916: *„Ich suche nach dem formenden Prinzip, nach der Erkenntnis, der die Zusammenhänge bedingenden Form selbst. Nicht die Erkenntnis des Geformten, nicht nur das Begreifen des Zusammenhangs. – Das Prinzip, nach dem wir denkend formen.“*

In seinem Tagebuch, in Vorbereitung auf einen Vortrag 1919, definierte er: *„und des Künstlers Beruf*

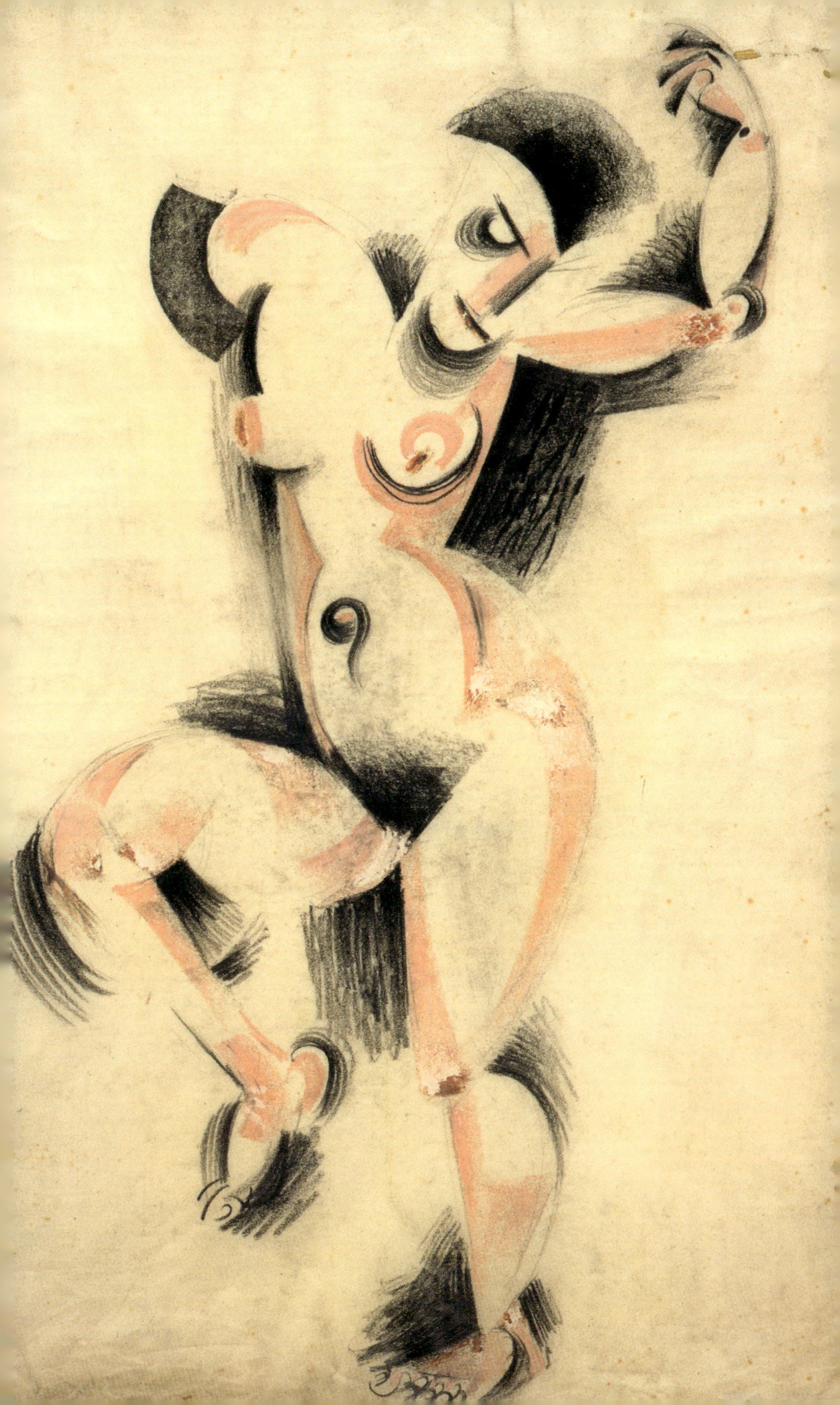

ist ja gerade der, dieses Urlebendige als reine unfassbare Lebendigkeit zu gestalten, zu erschaffen in immer neuen unbegreiflichen Gebilden. Er ist aus diesem Grund gottähnlicher denn irgendein anderer Mensch. – Er ist Gott vermählt und gebiert dessen wesensgleiche Kinder." Dieses deutete er noch präziser während seines Sommeraufenthaltes 1918 in Sigriswil: „*Der Künstler ist ein Werkzeug Gottes. Ein Werkzeug, durch das Er werden läßt.*" Die Beschäftigung mit der Definition des Begriffs ‚Künstler' war zu Beginn des 20. Jahrhunderts auch die Suche nach dem ‚neuen Menschen'.

Die Suche nach einem neuen Weltbild, nach überkonfessioneller Religiosität teilte er mit vielen anderen Menschen seiner Zeit, so auch mit Alma Mahler (1879–1964), die er 1917 kennenlernte und in deren Salon er häufig zu Gast war. Auch wurde er des Öfteren in ihr Sommerhaus auf dem Semmering eingeladen, in dem dann 1918 auch die vielzitierte Begegnung mit dem Bauhausgründer Walter Gropius (1883–1969), dem zweiten Ehemann Alma Mahlers, stattfand. Wie die neuere Forschung aufzeigt, fand dieses Treffen im Juni 1918 statt. Gropius war im Juni 1918 in einem Wiener Lazarett, er hatte, bevor er Ende Juni wieder an die Front musste, Heimaturlaub beantragt, den er im Sommerhaus seiner Gattin Alma Mahler auf dem Semmering verbrachte. Zu diesem Zeitpunkt, wie Tagebuch- und Briefnotizen belegen, war Itten ebenfalls zu Gast.

Bereits nach einem Jahr hatte Itten so viele Schüler, dass er nicht nur einen klassenweisen Unterricht einführte, sondern im Sommer 1917 ein Dachatelier im Haus Nussdorfer Straße 26–28 anmietete.

Der Unterrichtsbeginn war wohl im Herbst 1917, in dem entsprechenden Tagebuch finden sich ab November präzise Angaben über den Unterrichtsinhalt: Proportionsübungen, Hell-Dunkel – hier sollten zum Beispiel drei Gemälde von Tizian, Memling und Cézanne analysiert werden – und Übungen über Formrichtungen.

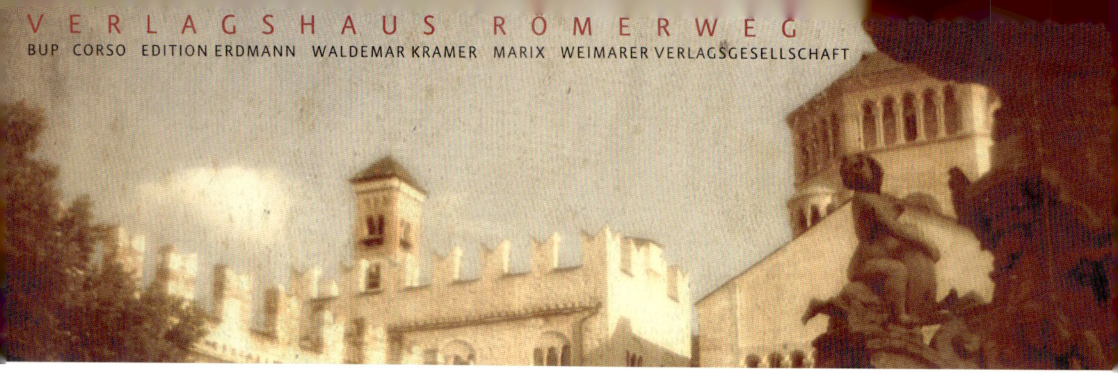

V E R L A G S H A U S   R Ö M E R W E G

BUP CORSO EDITION ERDMANN WALDEMAR KRAMER MARIX WEIMARER VERLAGSGESELLSCHAFT

Diese Karte entnahm ich dem Buch:

____

☐ Bitte informieren Sie mich über Ihre Neuerscheinungen.

☐ Ja, ich möchte Ihren Newsletter erhalten.

Alle Informationen unter www.verlagshausroemerweg.de

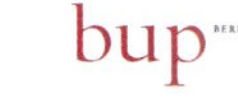

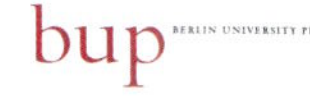

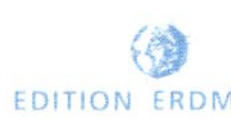

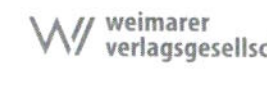

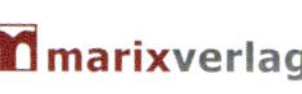

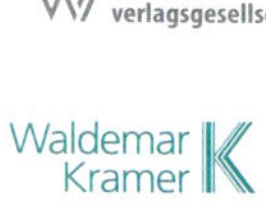

Absender

Name, Vorname

Straße, Nr.

Plz, Ort

Telefonnummer*

Faxnummer*

E-Mail*

Unterschrift

*freiwillige Angabe // Unsere Datenschutzerklärung finden Sie unter: www.verlagshausroemerweg.de/datenschutz.html

Für Ihre schnelle Anfrage:
info@verlagshausroemerweg.de

Bitte
ausreichend
frankieren

Rückantwort

Verlagshaus Römerweg GmbH
Römerweg 10
D-65187 Wiesbaden

Wie Badura-Triska 1990 schreibt, waren wohl für den klassenweise erteilten Unterricht genauere Angaben notwendig. Nie verlor Itten die ganzheitliche Förderung des Menschen aus den Augen, zu der neben der Vermittlung der künstlerischen Grundlagen auch das Augenmerk auf den Körper und die Persönlichkeit gehörten.

Die Schüler waren in drei Klassen eingeteilt, die verschiedene Aufgaben bekamen. Zu Beginn des Tagebuchs Nr. X sind die Lösungen in Skizzen festgehalten oder in Form von transparenten Blättern eingelegt. „*Ich muss den Schüler in das Chaos zurückwerfen, damit er von der Ordnung eines alten Bildes das Chaos zuerst wieder fühlt.*"

Karin Michaëlis schrieb, dass auch sie am Unterricht teilnahm: „*Nun setzte ich mich hin, mit einem Stück schwarzer Kreide – dem ersten in meinem Leben – und einem Blatt Papier. Zu meinem eigenen Erstaunen sproß ein Baum empor.*"[3]

Weiter finden sich im Tagebuch Notizen wie „*Gute – Schlechte Lösung*", Vermerke wie „*Stundenaufgabe*" und „*Ich versuche es nun mit dem Studium des Stofflichen.*" Auch dazu gab Karin Michaëlis eine plastische Schilderung: „*Einmal arbeiteten wir uns einen ganzen Nachmittag ab damit, die blinde Empfindsamkeit der Finger gegenüber Leinwand, Samt, Seide, Laubblätter, Holz und Stein zu erproben und dann nachher mit Kohle und Gummi die Stofflichkeit jedes Dinges auf den Karton zu zaubern.*"

Itten redete auch über den Körper und die Pflege desselben: „*Ich sprach über die Wichtigkeit des Atems. Stellung beim Arbeiten – Ich liess nun Atemstenogramme machen und da zeigte sich, dass Frl. Cyrenius rembrandisch und Frl. Knaffl giottonisch empfindet.*"

Und die später oft beschriebene „*Gymnastik*" fand ebenfalls statt: „*Ich lasse Turnübungen machen. Zuerst zeigt sich die Unfähigkeit, vielförmige Bewegungen mit Armen und dem Körper zu machen.*" Immer wieder hielt er fest, dass auf die Schüler und gerade auf die

[3] Karin Michaëlis, Das heilige Feuer. Schicksale und Menschen, Dresden 1930, 323.

Anfänger individuell zu reagieren sei: *„Anfänger immer so beschäftigen, dass deren wesentliche Begabungskräfte erregt werden."* und *„Ich lasse Anfänger aus verschiedenen Abbildungen die oder diejenigen herauslesen, die ihnen am besten gefallen. So erhalte ich das Ich des Schülers in der Form dargestellt."*

Ende 1918 oder zu Beginn des Jahres 1919, die entsprechenden Stellen sind nicht genau datiert, findet sich das in den Beschreibungen von Ittens Unterricht oft zitierte *„Wesen der Distel"*: *„Ich liess eine Distel zeichnen, und natürlich zeichneten alle mehr oder weniger gut die Distel nach. Ich zeigte daraufhin die Kreuzschleppung Dürers (Distel-Schmerzmotiv). Ich verlange nun, dass der Schüler zuerst sich von der Naturdistel stechen lasse. Er spürt das Schmerzhafte, Spitze, Scharfe, aggressive der Distel. Dieses soll er dann als reine Bewegungsempfindung wiedergeben auf dem Blatt, dann hat er das Wesen der Distel empfunden und gestaltet."*

Die Forscher sind sich heute einig, dass bis 1919, dem Jahr seiner Berufung ans Bauhaus, Ittens pädagogisches Konzept festgelegt war. Zwar formulierte er die Aufgaben stets neu und oft den jeweiligen Schülern angepasst, aber die Basis blieb gleich. *„Er wollte schöpferische Menschen in ihrer Gesamtheit – an Körper, Seele und Geist – fördern."*[4], wie Badura-Triska 1990 schrieb.

Den Sommer 1918, er reiste am 7. Juli aus Wien ab, verbrachte Itten in der Schweiz auf der Zelg-Alp bei Sigriswil am Thuner See, wo er bis Ende September blieb. Hier traf er Adolf Schaer-Ris, den Freund und Kollegen aus Hofwiler Tagen wieder, der seit 1913 in Sigriswil als Sekundarlehrer arbeitete.

Eine Reihe von Zeichnungen in Tusche und Blei entstanden während des Sommers, daneben schrieb er Gedichte und auch zu seinem Gemälde *Aufstieg und Ruhepunkt* finden sich Konstruktionsskizzen und Berechnungen.

[4] Badura-Triska 1990, 28.

Sein Biograf Rotzler hielt 1972 fest, dass Itten mehrfach über die Entstehung des Bildes erzählt habe, welches er im Sommer 1918 auf eine handgewebte Leinwand vor-

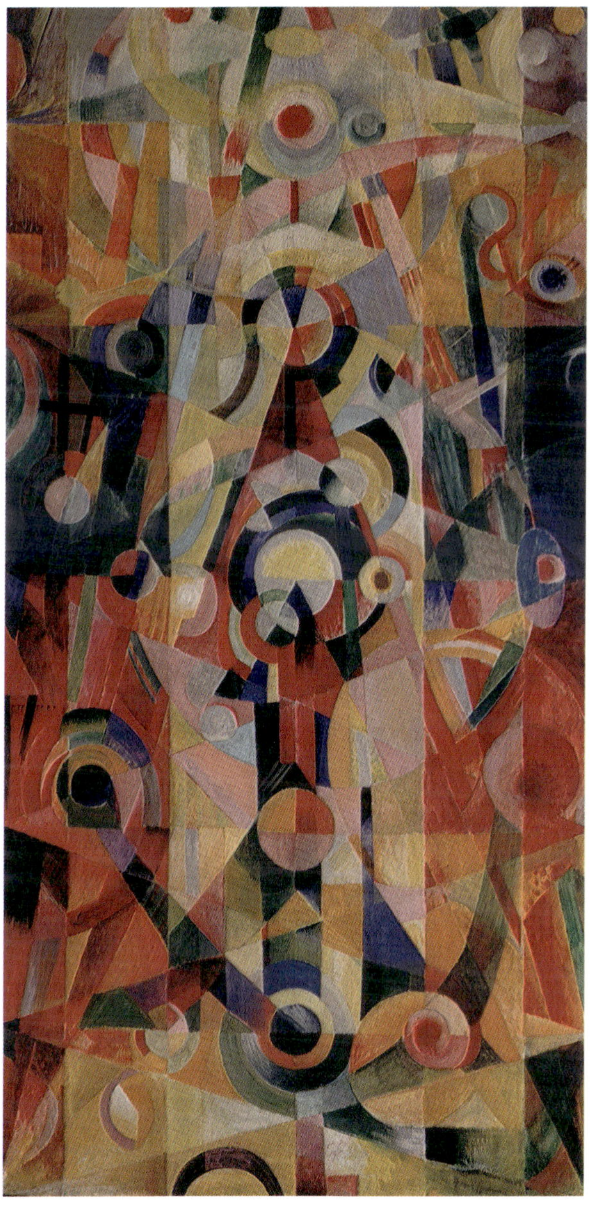

Aufstieg und Ruhepunkt, 1919, Öl auf Leinwand, 230 x 115 cm, Kunsthaus Zürich

gezeichnet hätte. Diese Leinwand habe er als Dank für seine Mithilfe bei der Heuernte bekommen, was auch das ungewöhnliche Bildformat erklärt.

In den Tagebüchern VII und IX (S. 72–74) finden sich umfangreiche Aufzeichnungen zu Vorträgen und Kursen, einen davon, *Für Kunsthistoriker,* hielt Itten im Frühjahr 1919 an der Wiener Universität. In diesem Sommer, zwischen dem 3. und 5. September notierte Itten zum ersten Mal den Namen „*Hanish*" in seinem Tagebuch. Der erste Beleg der Beschäftigung Ittens mit der Mazdaznan-Lehre.

Von Mitte bis Ende November 1918 zeigte Itten im Atelier die Arbeiten seiner Schüler, diese Ausstellung wurde wohl von Gropius besucht, der zu diesem Zeitpunkt ebenfalls in Wien war und auch von Alfred Roller (1864–1935), dem Direktor der Wiener Kunstgewerbeschule. Er bot Itten die Stelle eines Lehrers an seiner Schule an, was Itten aber ablehnte. In einem Brief an Otto Morach vom 9. Dezember 1918 begründete er das: „*Ich habe keine Lust mit den 50jährigen zusammenarbeiten.*"[5] Itten war 30 Jahre alt.

Im Februar des folgenden Jahres hielt er einen Kursus für Kunsthistoriker an der Universität Wien. Erica Tietze-Conrat (1883–1958) besprach diesen in einem Artikel im Wiener Monatsheft Nr. 7 von 1919: „*Johannes Itten hat einen Kurs im Beschreiben von Bildern für Künstler und Kunsthistoriker abgehalten, zur Bereicherung des Sehens und nicht des Wissens, wie es im Programm hieß. Seiner Lehre folgten junge und alte Künstler, auch solche, die sich schon einen Namen erworben haben und die von ganz anderem Schaffen herkamen als der Meister selbst: es folgten ihr Kunsthistoriker, die niemals einen Bleistiftstrich, es sei denn auf ein Pauspapier, getan hatten.*"[6]

In Bern hatte Itten „*aus Langeweile*" einen kunsthistorischen Vortrag besucht und hegte seitdem eine große Aversion gegen Kunsthistoriker. So schrieb er denn auch in sein Tagebuch: „*Ich möchte einmal versuchen, diesen Menschen klarzumachen, was wichtig ist, was das Wesen ausmacht eines Kunstwerks.*" Die Ehefrau dieses

[5] Johannes Itten. Gemälde, Gouachen, Aquarelle, Tuschen, Zeichnungen, Münster 1980, 42.

[6] in: Die bildenden Künste, Wiener Monatshefte, II. Jahrgang, Heft 7, 1919, 169–172, hier 172.

Kunsthistorikers, Dr. Maria Weese, wird später seine Assistentin am Züricher Kunstgewerbemuseum.

Ende Februar kam der – oft zitierte – Brief von Walter Gropius, in dem Itten gefragt wurde, ob er nach Weimar kommen wolle. Itten gab die Nachricht in einem Brief an Hildegard Anbelang weiter und führte aus: *„Er wird dort wahrscheinlich Direktor der Hochschule für Bildende Kunst, die er umwandeln will in eine Art ‚Bauhütte', deren Grundprinzip mir sympathisch ist: Einheit aller bildenden Künste."*

Im Frühjahr 1919 (vom 27. April bis 11. Mai) zeigte Itten seine eigenen Bilder, sowie grafische und plastische Arbeiten im Atelier an der Nussdorfer Straße. Die Ausstellung wurde noch im Mai – auf Vermittlung von Adolf Loos – in den Räumen der Künstlergruppe *Freie Bewegung* gezeigt. Diese Ausstellung besuchte Josef Matthias Hauer (1883–1959) und die geometrischen Bilder Ittens lösten, wie Dieter Bogner 2003 schreibt: *„einen entscheidenden Impuls aus, der eine musikgeschichtliche Großtat zur Folge hat: die Entwicklung der ersten Wiener Zwölftonmusik."*[7]

Auch Itten schrieb 1962 in einem Rückblick: *„er kam nach oben* [...] *trat ein und ging von Bild zu Bild und stellte sich mir vor* [...]*: Ich bin Komponist und habe in meiner Tasche Briefe an meine Freunde um ihnen mitzuteilen, dass ich derart hoffnungslos in die Zukunft sehe, dass ich mich entschlossen habe nie mehr eine einzige Kompos. mehr zu schreiben; seit ich jetzt hier ihre Bilder sah verspreche ich Ihnen, dass ich diese Briefe verbrenne und mit neuer Hoffnung an die Arbeit gehe."*[8] Der Freund Hauers, Ferdinand Ebener (1882–1931), der bei dem Besuch zugegen war, bestätigte später schriftlich das tiefe wechselseitige Verständnis von Komponist und Maler, das beide jeweils in der Arbeit des Anderen sahen. Und Itten notierte in seinem Tagebuch: *„Proportion ist die Ebene, auf der sich Musik und Malerei unmittelbar berühren."*

[7] Lichtenstern/Wagner 2003, 88.

[8] Brief von Johannes Itten an Johannes Schweiger, Wien 1.4.1962, Kopie Slg. Bogner Wien.

Itten lieh Hauer im Juli 1919 das große Gemälde *Komposition aus zwei Formthemen.*

Er versah es später auf einer Ausstellung mit dem Zusatz: „*Josef Hauer, dem Komponisten gewidmet.*" Das Gemälde wurde 1926 in Berlin auf der Großen Berliner Kunstausstellung gezeigt. Auch in diesem Bild sind die Zahlen wichtig, in den entsprechenden Tagebuchnotizen lässt sich ablesen: „*dass die von alters her in vielen Kulturen mit besonderer Bedeutung belegten Zahlen drei, vier und sieben der Ordnung des Bildes zugrunde liegen.*"

Im Mai fuhr Itten über München nach Weimar und nahm dort wahrscheinlich auch an der ersten Meisterratssitzung im Juni teil (siehe dazu Kapitel Bauhaus).

Horizontal-Vertikal, 1915, Öl auf Leinwand, 73,7 × 55 cm, Kunstmuseum Bern

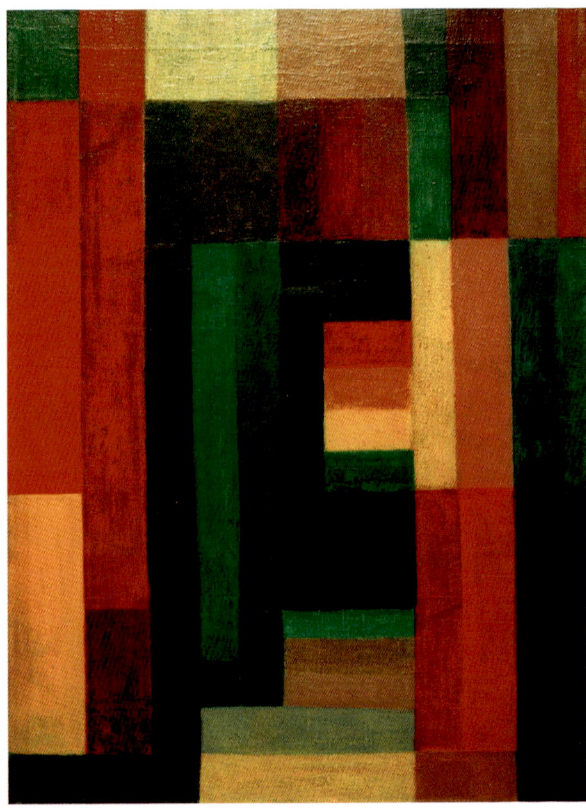

Ende Juli/Anfang August 1919 erschien eine Lithografie-Mappe bei Richard Lanyi in Wien. Es sind zehn Blätter mit verschiedenen Themen: eine Landschaft, eine Blumenstudie, vier Akte und vier ungegenständliche Kompositionen. Im Werkverzeichnis wird die Landschaft mit *Landschaft Tirol* bezeichnet und die Blumenstudie mit *„Waldrandblumen"*, unten rechts im Bildfeld steht die in den Stein geritzte Widmung: *„Anna, Hildegard, Maria"*.

Badura-Triska schreibt 1988 in einem Katalogbeitrag zu den anderen Blättern: *„Was diese, auf den ersten Blick so unterschiedlichen Arbeiten verbindet, ist Ittens Bestreben, Empfindungen, chaotische innere Bewegungen, in seinen Werken in einer lebendig pulsierenden, dabei aber harmonisch ausgewogenen Einheit zu fassen."*[9]

Diese erste Mappe war *„Frau Agathe und meinen Schülern gewidmet"*, ein Exemplar schickte Itten an seinen früheren Lehrer Hölzel, der sich sehr darüber freute und ihm in einem Brief dankte.

Zum Abschied Ittens aus Wien hatte der Kunsthistoriker Hans Tietze (1880–1954) bereits im Juni einen Aufsatz veröffentlicht: *„Itten hat einen Ruf an die Weimarer Kunstschule erhalten. Sein Weggang würde die junge Generation Wiens weit über die Kreise ausübender Künstlerschaft auf das Empfindlichste schmerzen; er füllt mehr aus als die Lücke, die seit Kokoschkas Übersiedlung ins Reich geblieben ist, er ist ein Ferment, ein Prüfstein, ein Antrieb in einer Stadt, die ohne einen solchen ihre natürliche Trägheit nicht zu überwinden vermag;"* und er hoffte, zusammen *„mit einem ganzen Kreis suchender Menschen, dass die Stadt Wien Itten halten möge."*[10]

Was dann aber nicht gelang und auch wohl nicht versucht wurde, denn Itten zog mit seiner Frau Hildegard nach Weimar.

[9] Eva Badura-Triska: Chaos erleben und Einheit ersehen. Werk und Idee, in: Wien/Zürich 1988, 55.

[10] Hans Tietze: Moderne Kunstbewegung in Wien, Kunstchronik und Kunstmarkt, Nr. 34, 6. Juni 1919, 703.

WEIMAR 1919–1923

Ein – inzwischen schon zu den Legenden zählender – Satz berichtet von der Berufung ans Bauhaus. Itten selbst erzählte 1962, dass Alma Mahler ihn Gropius mit den Worten vorgestellt habe: *„Wenn du mit deiner Idee des Bauhauses Erfolg haben willst, dann mußt du Itten berufen.“* Es muss im Sommer des Jahres 1918 gewesen sein. Gropius besuchte später auch die im November gezeigte Schülerausstellung und soll sich – so Itten – mit den Worten verabschiedet haben: *„Ihre Bilder und Schülerarbeiten verstehe ich nicht, wenn Sie aber Lust haben nach Weimar zu kommen, würde ich mich freuen.“* Ob es wirklich so gewesen ist, lässt sich nicht mehr feststellen, Itten sieht dies ja 1962 aus der Rückschau, Tatsache ist aber, dass Gropius im Februar 1919 ihm einen Brief schrieb, in dem er fragte, ob Itten mit ihm nach Weimar gehen wolle.

Im Mai 1919 fuhr Itten zu ersten Gesprächen nach Weimar, wobei er auf der Hin- und Rückreise einen Umweg über München machte, um Paul Klee erneut zu besuchen. Begeistert äußerte er sich über diese erneute Begegnung, kaufte zwei Zeichnungen und tauschte eine dritte gegen eine eigene Plastik.

In Weimar, *„ich ruhte mich im Bauch des ‚Elephanten‘ aus“* (gemeint ist das Hotel Elephant), schrieb er noch an Anna Höllering über seine Zweifel: *„Die Räume der Schule sind ja sehr schön, und vieles ist gut. Aber wenn ich mich doch nicht entschließen kann, hierher zu gehen, so denke ich dabei an Dich. Wie soll ich ohne mein ‚Herz‘ leben können.“* Abgesehen von der wohl sehr engen freundschaftlichen Beziehung zu der Schriftstellerin und Schauspielerin, die zwangsläufig unter der Entfernung leiden würde, war seine Sicht auf die Schule sehr geschönt. Die Schulgebäude waren als Lazarett benutzt worden und in einem schlechten Zustand, dazu fehlten teilweise auch die Möbel.

Neben einer Orts- und Schulbesichtigung nahm Itten als Gast an einer Meisterratssitzung teil. Hier lernte er seine zukünftigen Kollegen Lyonel Feininger (1871–1956) und Gerhard Marcks (1889–1981) kennen, dazu die Professoren der ehemaligen Großherzoglichen Hochschule für Bildende Kunst: Max Thedy (1858–1924), Professor für Figuren- und Interieurmalerei, Walter Klemm (1883–1957), Leiter der Druckwerkstatt bis 1921, Otto Fröhlich (1869–1940), Landschaftsmalerei und Richard Engelmann (1868–1966), Steinbildhauerei.

Gropius hatte beide Schulen, die Großherzogliche Hochschule für Bildende Kunst und die Großherzogliche Kunstgewerbeschule zum *„Staatlichen Bauhaus in Weimar"* zusammengelegt und am 1. April 1919 einen Vertrag unterzeichnet, der ihm die Gesamtleitung als Direktor übertrug. Sein Ziel war *„die Sammlung alles künstlerischen Schaffens zur Einheit, die Wiedervereinigung aller werkkünstlerischen Disziplinen"* zur Errichtung eines großen *„Baues"*. Er plante eine neue Einrichtung, die sich von den damals üblichen Akademien und Kunstschulen unterschied und neben der künstlerischen Ausbildung auch Lebensschulung betreiben sollte. Bei einer Ausstellungseröffnung im Juni 1919 sagte er: *„Keinen großen geistigen Organisationen, sondern kleine geheime in sich abgeschlossene Bünde, Logen, Hütten, Verschwörungen, die ein Geheimnis hüten und künstlerisch gestalten wollen, werden entstehen. Mir träumt von dem Versuch, aus der zersprengten Isoliertheit der Einzelnen hier eine kleine Gemeinschaft zu sammeln; gelingt das, so hätten wir viel erreicht."*[1]

Bereits im April begann der zunächst noch improvisierte Lehrbetrieb, aber Gropius hatte durchgesetzt, wie er sich später äußerte, *„was ich wollte: Berufung von vier radikalen Künstlern an die Hochschule und Bewilligung meines radikalen Programms durch die Regierung."*[2] Der vierte Künstler war Cesar Klein (1876–1954), der aber dem Ruf nicht folgte.

[1] Walter Gropius zit. n. Weimar/Berlin/Bern 1994/95, 86.

[2] zit. n. Isaacs 1985, Bd. 1, 212.

Itten zählte also zu den ‚radikalen' Künstlern, wie Gropius sie nannte, unklar bleibt, wie er dies definierte, weil er, wie er zuvor bekannte, Ittens Malerei nicht verstand. Allerdings war schon das Äußere Ittens 1919 durchaus ‚radikal', er hatte immer noch – wie bereits in Stuttgart – einen kahlen Schädel. Dazu kleidete er sich, elegant und der Mode entsprechend, in einem dreiteiligen Anzug mit weißem Hemd und Krawatte. Offensichtlich beherzigte er weiterhin den Rat seines Freundes Helge Lindberg, der ihn in Stuttgart praktisch dazu gezwungen hatte, sich einen Anzug anfertigen zu lassen, weil er in Lindbergs Augen *„ungepflegt angezogen"* war. Nun mit 31 Jahren war Itten Leiter einer gutgehenden privaten Kunstschule in Wien, hatte einen interessanten Freundeskreis und die Kunstgewerbeschule Wien wollte ihn als Lehrkraft.

Dennoch entschied er sich für Weimar und sagte Gropius Ende Juni schriftlich zu. Gropius hatte ihm Mitte Juni ausführlich geschrieben: *„Nachdem ich Sie wiedergesehen war es mir, noch gewisser geworden, dass Ihr Mittun für mein begonnenes Werk eine Notwendigkeit sei; ohne Ihre stark ansaugende Strudelkraft wären meine Wege sehr viel länger geworden. Ich freue mich stark auf unser gemeinsames Schaffen und denke fortwährend über die Durchführung Ihrer und meiner Gedanken nach. Ich bringe wie Sie Mut und Lust zum Kampfe mit, alles andere wollen wir der organischen Entwicklung in unserem Tun überlassen."*[3]

Itten wurde als Lehrer für Malerei berufen.[4] Im Vertrag, der vom 1. Oktober 1919 bis zum 30. September 1922 lief, wurde er *„als lehrender Meister am Bauhaus"* bezeichnet. Ein jährliches festes Gehalt von 4.000 Mark und die jeweiligen Teuerungszulagen für Staatsbeamte in vierteljährlichen Teilbeträgen standen ihm zu, ebenso ein Umzugszuschuss von 500 Mark (zum Vergleich: 1 kg Brot kostete 1919 etwa 80 Pfennige) und zum eigenen Gebrauch unentgeltlich eine Werk-

[3] Weimar/Berlin/Bern 1994/95, 44.

[4] Ebd. 513.

statt. Itten konnte sein Arbeitsverhältnis jederzeit mit halbjähriger Frist kündigen, für das Bauhaus dagegen war das Arbeitsverhältnis in den ersten drei Jahren, also bis zum 30. September 1922, unkündbar. Danach war für beide jeweils mit halbjähriger Frist, also zum 1. April oder 1. Oktober eine Kündigung möglich. Es war also insgesamt ein lukrativer Vertrag; dazu hatte Itten sich das Tempelherrenhaus im Ilmpark als Atelier gewünscht – Gropius ließ es nach Ittens Besuch in Weimar instand setzen – und auch bei der Wohnungssuche war man ihm behilflich. Zwar war, wie Gropius schrieb, für den Vertrag noch die Genehmigung der Staatsregierung bzw. die Bestätigung durch das Hofmarschallamt zu Weimar einzuholen, aber dies sei reine Formsache.

Mit seiner Frau bezog Itten Ende Oktober eine, wie Schlemmer es nannte *„herrschaftliche"* Wohnung in einer neo-barocken Villa an der Wilhelmsallee 1, der heutigen Leibnizallee. Im Tempelherrenhaus stand wohl auch ein Flügel, denn Itten schrieb im November 1919 an Anna Höllering: *„Mir geht es gut. Bin ganze Tage in meinem Atelier, spiele Bach und Hauer am herrlichen Flügel und gestern fing ich sogar an zu komponieren auf Hauers Anregungen."*[5]

Seine Arbeit nahm Itten am 6. Oktober auf. Viele seiner Schüler waren ihm aus Wien gefolgt, die Angaben schwanken zwischen 14 und 18 Personen, manche sprechen auch von 25 Schülern. Auch im Bauhaus hatten sich bereits *„Lehrlinge"* eingeschrieben, im Wintersemester 1919/20 waren es insgesamt 101 weibliche und 106 männliche Studierende. Gropius hatte mit erheblich weniger weiblichen Lehrlingen gerechnet, aber nach dem Ersten Weltkrieg waren nun auch Frauen an den Akademien zugelassen.

Im Januar 1921 wurden die Begriffe ‚Meister' für die Lehrenden, ‚Lehrlinge' und ‚Gesellen' für die Studierenden eingeführt, was jedoch bald Anlass zu Diskussionen unter den Meistern gab. Die meisten von ihnen

[5] Ebd. 44.

zogen den Professorentitel vor; Itten ließ sich das Recht, den Professorentitel zu tragen, nach seinem Ausscheiden 1923 von Gropius bescheinigen.

Der Unterricht am Bauhaus hatte 1919 ein umfangreiches Angebot an Fächern, es gab aber keinen Lehrplan. Jeder wurde zur Probe aufgenommen und für ein Semester auf die Werkstätten verteilt. Mit Ittens Unterricht, der 1919 bereits zum größten Teil fertig ausgeformt und in Wien erprobt war, begann die ‚neue Zeit' am Bauhaus. Waren die Ergebnisse der ersten Studentenausstellung im Juni 1919 noch heftig kritisiert worden, *„ein Wust talentloser, aber fleißiger Studenten!"*, gab es mit Itten einen ausgebildeten Lehrer und erfahrenen Pädagogen.[6]

Noch im Oktober 1919 machte Itten den Vorschlag, ein Probesemester einzuführen, eine Art Vorbereitungsunterricht, der nicht allein in den Werkstätten abgehalten werden sollte und mit dem die ungeeigneten Studenten aussortiert wurden. Dieser Vorschlag wurde in der Satzung festgehalten und ab dem Wintersemester 1920/21 galt: *„Jeder Bewerber wird vorerst nur für ein Halbjahr zur Probe aufgenommen. In diesem Probehalbjahr* […] *ist der obligatorische Vorunterricht zu besuchen, der in elementarem Formunterricht mit Materiestudien* […] *besteht. Die endgültige Aufnahme hängt vom Besuch dieses Unterrichts und von der Güte der in diesem Probehalbjahr entstandenen freien Arbeiten des Bewerbers ab."*

Die Idee zu einem solchen Vorunterricht hatte bereits Hölzel gehabt, der im Zuge einer Akademiereform eine *„Vorschule"* oder eine Art *„Elementarkurs"* vorgeschlagen hatte.[7] Ob Itten mit Hölzel darüber diskutiert hat, ist nicht bekannt.

Mit diesem Vorunterricht oder der Vorschule, später *„Vorkurs"* genannt, begann das eigentlich ‚avantgardistische' am Bauhaus. Noch im Dezember 1920 hatte Oskar Schlemmer an seinen Freund Otto Meyer-Amden geschrieben: *„Es ist eine Gefahr, daß das Bau-*

[6] Wingler 1922/23, 43.

[7] Katharina Hadding: Johannes Itten und Ida Kerkovius. Eine Künstlerfreundschaft im Zeichen der Lehre Adolf Hölzels, in: Lichtenstern/Wagner 2003, 65-81, hier 74.

haus eben nicht viel anderes wird (dafür spricht etwas die Art der Berufungen) als eine moderne Akademie, denn das Wesentliche, das es von solchen unterscheiden soll: das Handwerk, die Werkstätten, sind nur nebenbei. Es fehlen zum Beispiel die hauptsächlichsten Werkstätteneinrichtungen. Auch soll bei den Schülern wenig Lust zum sachlichen Handwerk sein, vorwiegend sei der Ehrgeiz, moderner Maler zu werden."[8]

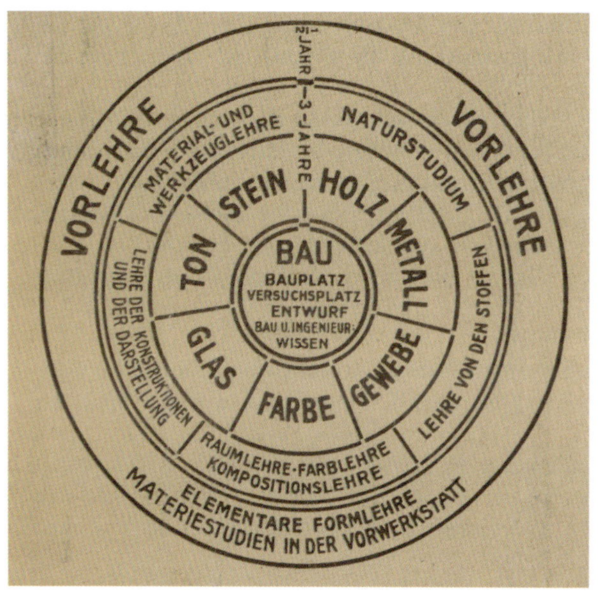

Ausschnitt aus dem Lehrplan am Staatlichen Bauhaus Weimar, 1922/23

Tatsächlich fehlten zu Beginn die Werkstätten, auch die Idee von Gropius, Werkstätten vor Ort miteinzubeziehen, hatte sich als Illusion erwiesen; außer der Töpfereiwerkstatt in Dornburg und dem Webatelier von Helene Börner in Weimar war zunächst nichts vorhanden. Doch relativ rasch wurden diese Probleme gelöst, Gropius kämpfte unermüdlich für seine Idee, er war ein überaus begabter – heute würde man sagen – ‚Fundraiser', warb Geld ein. Die Werkstätten wurden nach und nach auf- und ausgebaut, der Lehrplan jeweils umstruk-

[8] zit. n. Beilfuß 2014, 24.

turiert und erweitert. Das Handwerk bzw. die handwerkliche Ausbildung wurden als unerlässlich zur Persönlichkeitsbildung gesehen, im Sinne der Pädagogen Johann Heinrich Pestalozzi (1776–1827) und Friedrich Fröbel (1782–1852) ist manuelles Tun unabdingbar *„als Mittel zur allseitigen, umfassenden Menschenbildung.“*[9]

Itten war beschäftigt, dem *„anfänglichen Chaos“* entgegenzuwirken, laut Schlemmer *„mit Diktatur bis zur Rücksichtlosigkeit und schulmeisterlicher Pedanterie (hier protestieren die Schüler gegen Vergewaltigungen)“*.[10] Dennoch hingen die Lehrlinge an seinen Lippen, wie Adolf Schaer-Ris bei einem Besuch in Weimar feststellte, und Bauhausschüler Felix Klee (1907–1990), der Sohn von Paul Klee, hielt fest: *„Ittens Unterricht war einmal wöchentlich zwei Stunden im 2. Stock des Gebäudes.* […] *Itten ging wie ein Feldherr rund um seine Schülerschar, die sich aus allen möglichen und unmöglichen Nationen zusammensetzte* […]. *Manche verkrampfte und gehemmte Kollegen wusste Itten sehr bald zu lösen und er stellte meine Arbeiten, die ich völlig enthemmt schuf, oft als Musterbeispiele vor.“* Felix Klee war mit knapp 14 Jahren der jüngste ‚Bauhäusler‘ und von seinem Vater, als dieser 1920 an das Bauhaus berufen wurde, sofort angemeldet worden.

DER UNTERRICHT

Viel ist über den Vorkurs geschrieben worden, unter immer neuen Gesichtspunkten wurde er analysiert und bewertet. Auch Itten hat selbst immer wieder darüber berichtet, etliches schriftlich festgehalten und umfassend in seinem 1963 publizierten *Mein Vorkurs am Bauhaus* dargelegt.

Wie Rainer Wick zu Recht anmerkt, ist es schwierig, Schülerarbeiten aus den Bauhausjahren sicher zu bestimmen. Auf der 1923 stattgefundenen ersten Ausstellung des Bauhauses wurden viele gezeigt und auch im dazugehörigen Katalog abgebildet, aber lediglich

[9] Wick 1982, 65.
[10] zit. n. Beilfuß 2014, 27.

mit dem allgemeinen Hinweis *„aus der Vorlehre"* versehen. In dem von Itten publizierten Buch sind Schülerarbeiten aus Berlin, Krefeld und Zürich abgebildet. Zusätzlich zum Vorkurs hatte Itten auch die künstlerische Betreuung der Werkstätten übernommen, eine weitere Schwierigkeit, Arbeiten zuzuordnen.

Itten hatte zwar in den Weimarer Jahren ein Tagebuch, das sogenannte *„Tempelherrentagebuch"*, angelegt, dieses enthält jedoch nur wenige Notizen zum Unterricht und Lehrinhalt am Bauhaus.

Der Vorkurs war ab 1921 *„für die Schüler nicht fakultativ, sondern pflichtgemäß"*, und er war, wie Wick schreibt, *„zugleich Initiationsritus für die Novizen, Selektionsinstanz und Instrument der Begabungslenkung."*[11] Jeder Bewerber wurde zur Probe aufgenommen und musste den Vorkurs, der sich aus mehreren Unterrichtsblöcken und dem Formunterricht in den Werkstätten zusammensetzte, besuchen. Im Vorwort zu seinem Buch *Mein Vorkurs am Bauhaus* definierte Itten nachträglich die Funktionen des Vorkurses:

„1. Die schöpferischen Kräfte und damit die künstlerische Begabung der Lernenden freizumachen. Eigene Erlebnisse und Erkenntnisse sollten zu echten Arbeiten führen. Die Schüler sollten sich nach und nach von aller toten Konvention befreien und Mut fassen für eigene Arbeit.

2. Die Berufswahl der Studierenden sollte erleichtert werden. Die Material- und Texturaufgaben waren hier eine wertvolle Hilfe. Jeder Studierende fand in kurzer Zeit heraus, welches Material ihn ansprach, ob Holz, Metall, Glas, Stein, Ton oder Gesponnenes ihn zum schöpferischen Tun anreizte.

Für ihre zukünftigen künstlerischen Berufe sollten den Studierenden die Grundgesetze bildnerischen Gestaltens vermittelt werden. Die Gesetze der Form und der Farbe eröffneten den Studierenden die Welt des Objektiven. Im Verlauf der Arbeit konnten sich die subjektiven und die objektiven Form- und Farbprobleme in vielfältiger Weise

[11] Rainer Wick: Johannes Itten am Bauhaus. Ästhetische Erziehung als Ganzheitserziehung, 105–123, in: Bern/Krefeld/Stuttgart 1984/85, 111.

durchdringen […]. Wichtig war mir beim Unterrichten der künstlerischen Darstellungsmittel, daß sich die verschiedenen Temperamente und Begabungen individuell angesprochen fühlten. Nur so konnte die schöpferische Atmosphäre entstehen, die originalem Arbeiten förderlich ist. Die Arbeiten sollten ‚echt' sein."[12]

Und im Tagebuch von 1930 fasste er sein Ziel zusammen: *„Von Anfang an war mein Unterricht auf kein besonders fixiertes äußeres Ziel eingestellt. Der Mensch selbst als ein aufzubauendes entwicklungsfähiges Wesen schien mir Aufgabe meiner pädagogischen Bemühungen. Sinnesentwicklung, Steigerung der Denkfähigkeit und des seelischen Erlebens, Lockerung und Durchbildung der körperlichen Organe und Funktionen sind die Mittel und Wege für den erzieherisch verantwortungsbewussten Lehrer."*

Es ging Itten also nicht allein um die Vermittlung von künstlerischen Grundlagen, sondern es stand – wie sich die Schüler und Studenten aus den verschiedenen Schulen später erinnerten – immer der gesamte Mensch mit Körper, Seele und Geist im Fokus.

Jede Unterrichtsstunde begann mit Entspannungs-, Atem- und Konzentrationsübungen. Wichtig waren für Itten die Atemübungen, die auf Außenstehende schon mal befremdlich wirkten. Hier wird deutlich, dass Itten die Mazdaznan-Lehre kannte – er hatte schon in Wien Atemstenogramme machen lassen – auch wenn er der Mazdaznan-Gemeinschaft wohl erst 1921 beitrat.

Itten ließ diesen *„Harmonisierübungen"*, wie er sie auch nannte, rhythmische Formübungen zur weiteren Lockerung folgen, laut einem Brief von Paul Klee an dessen Frau, führte er sie auch vor: *„Nachdem er* [Itten] *einige Gänge gemacht hat, steuert er auf eine Staffelei zu, auf der ein Reißbrett mit einer Lage Schmierpapier steht. Er ergreift eine Kohle, sein Körper sammelt sich, als ob er sich mit Energien ladete, und geht dann plötzlich zweimal nacheinander los. Man sieht die Form zweier energischer*

[12] Itten 1960, [4]1987, 7.

Striche, senkrecht und parallel auf dem obersten Schmierbogen, die Schüler werden aufgefordert, das nachzumachen.“[13]

Weitere Unterrichtssequenzen waren *„allgemeine Kontrastlehre, Material- und Texturstudien, Form- und Farbenlehre, Naturstudium, Aktzeichnen, Analysen Alter Meister, Rhythmus und expressive Formen“*, wozu wie schon in Wien die *„Distel-Übung“* gehörte.

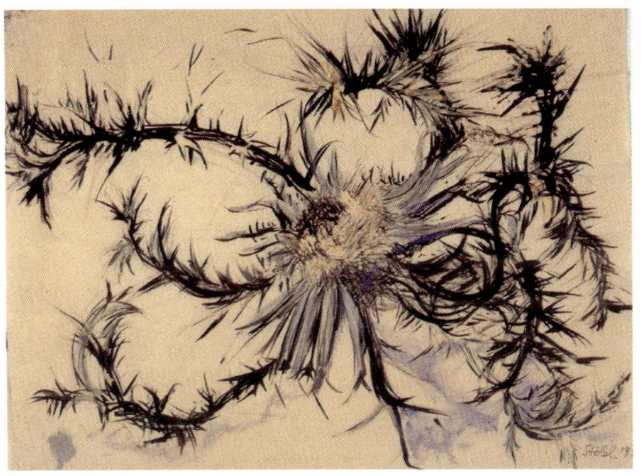

Gunta Stölzl: *Distel*, 1921, Tusche und Aquarell über Bleistift auf Papier, 26,5 x 37 cm, Privatbesitz

In der Kontrastlehre wurde eine Fülle von Kontrasten durchgenommen, nicht allein die Hell-Dunkel-Kontraste, sondern auch weitere wie groß-klein, lang-kurz, breit-schmal, dick-dünn, Fläche-Linie, Linie-Körper und Fläche-Körper, um nur einige zu nennen, und auch die sieben Farbkontraste gehörten dazu. Alle Kontraste waren auf drei Arten durchzuarbeiten: *„sinnlich zu erleben, verstandesmäßig zu objektivieren und synthetisch zu gestalten“*.[14]

Die Material- und Texturstudien dienten zur Verbesserung der sinnlichen und der taktilen Fähigkeiten wie schon in Wien; am Bauhaus ließ Itten Bänder mit realen Materialien anfertigen. Er beschrieb sie als *„phantastische Gebilde von damals völlig neuartiger Wirkung“*, sie dienten außerdem in dreidimensionaler Form zur Vorbereitung der handwerklichen Arbeit in den Werkstätten.

[13] Paul Klee. Briefe an die Familie 1893–1940, Köln 1979, Bd. 2, 970.

[14] Itten 1960, [4]1987, 12.

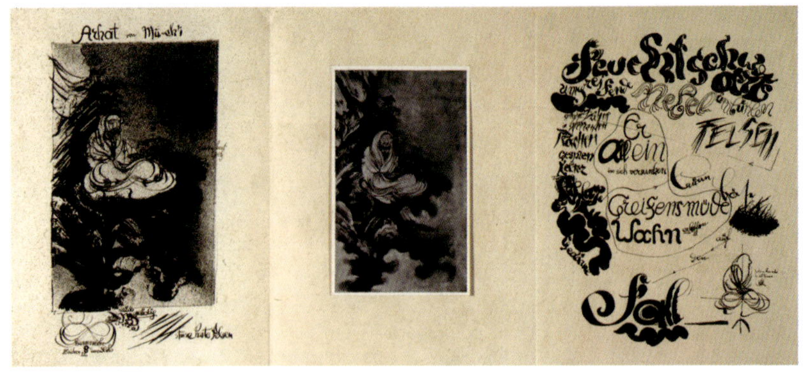

Analysen „Alter Meister“, drei Druckseiten, (Meister Francke, *Anbetung der Könige*) aus: Utopia. Dokumente der Wirklichkeit, 1921

Wie in Wien gehörten Aktzeichnen und die Analyse „Alter Meister“ zum Unterricht.

Worauf Itten besonderen Wert legte, schilderte Schlemmer im Mai 1921 in einem Brief an Meyer-Amden: *„dann zeigt er die weinende Maria Magdalena vom Grünewald-Altar; die Schüler bemühen sich, aus dem sehr Komplizierten ein Wesentliches zu lösen. Itten sieht die Versuche und donnert: Wenn sie ein künstlerisches Empfinden hätten, so müßten sie vor dieser erhabensten Darstellung des Weinens, das das Weinen der Welt wäre, nicht zeichnen, sondern dasitzen und in Weinen zerfließen. Spricht's und schlägt die Tür zu.“*[15]

In einem Faltblatt, das 1922 zu einer Ausstellung von Arbeiten der Gesellen und Lehrlinge im Bauhaus erschien, schrieb Itten: *„Die Nebeneinanderstellung der Arbeiten des Vorunterrichts und der Werkstättenarbeiten in unserer Ausstellung soll den Weg unserer Arbeit zeigen. In der Arbeit soll die Persönlichkeit jedes Lernenden sich frei entwickeln können, um der werktätigen Einordnung in die gemeinsame Idee fähig zu sein.“*

Zum Wintersemester 1920/21 wurde Georg Muche als Formmeister für die Holzbildhauerei- und Buchbinderei-Werkstatt berufen. Gleichzeitig leitete Itten nun als Formmeister die Werkstätten für Tischlerei, Drechslerei, Metall, Dekorationsmalerei, Weberei und Glasmalerei.

[15] zit. n. Beilfuß 2014, 30.

Durch seinen Unterricht hatte Itten eine Machtfülle, die er nutzte, wie Schlemmer schrieb, dem Bauhaus *„seinen Stempel“* aufzudrücken, dazu wollte er eine abgeschiedene klösterliche Gemeinschaft. Gropius hatte zwar zu Beginn selbst das *„klösterliche Ideal“* gesucht, ebenso war auch er den esoterischen Strömungen gegenüber offen, dennoch wuchs der Konflikt zwischen beiden in den nächsten Jahren. Doch zunächst kamen Oskar Schlemmer und dann Paul Klee im Laufe des Jahres 1921 an das Bauhaus, beide auf Veranlassung von Johannes Itten.

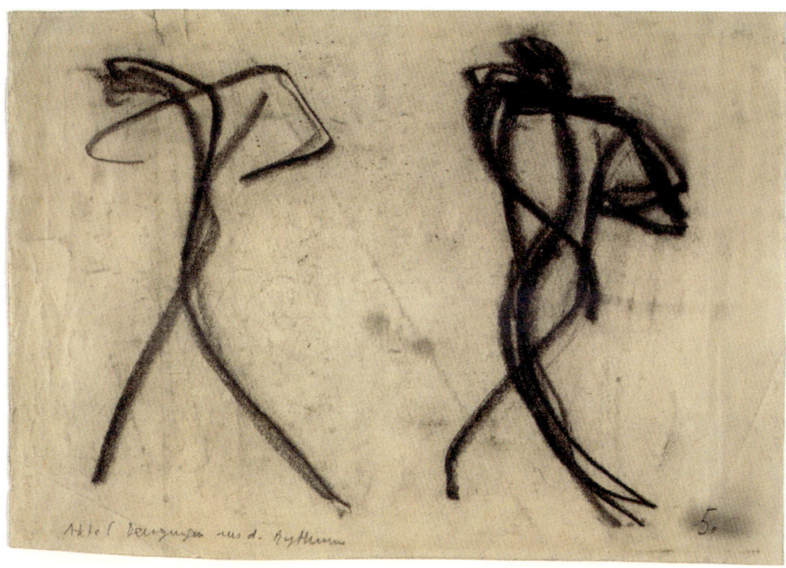

Max Pfeiffer-Watenpful: *Akte: Bewegungen aus dem Rhythmus,* Studie, um 1920, Kohle auf Papier, 24,2 x 34,8 cm, Bauhaus-Archiv Berlin

Trotz der Arbeitsfülle konnte Itten sich seinen künstlerischen Projekten widmen. Dazu zählt der im Dezember 1919 entstandene Zyklus der *Hafi Lieder,* eine zwölfteilige Serie als Weihnachtsgeschenk für seine Frau. Itten setzte hier die Lieder in Schriftbilder um und aus den Zeilen und aus einzelnen Wörtern wurden farbige, ineinandergeflochtene Formen. In seiner persönlichen Handschrift – teilweise schon in Wiener Jahren kalligrafisch – platzierte er verkleinerte neben übergroße Buchstaben.

In ähnlicher Form schrieb Itten auch oft seine Briefe und gestaltete teilweise die Titelblätter seiner Tagebücher.

Eine der wichtigsten Arbeiten aus den Bauhausjahren ist der *Turm des Feuers,* oder, wie er jetzt in der neueren Literatur genannt wird, *Turm des Lichts.* Der Turm ist sozusagen die Fortsetzung der plastischen Arbeiten, die Itten in Wien begonnen hatte. Vorläufer waren hier eine Fülle von Aktstudien in Bleistift und Kohle, die den menschlichen Körper in geometrische Formen auflösen und teilweise Helldunkel-Kontraste betonen. Bereits 1917 gab es hier eine dreidimensionale Umsetzung, den Torso einer jungen Frau, der heute verschollen ist. Weitere Arbeiten entstanden dann in Weimar: Menschen, Tiere, bemalte Gipsreliefs bis hin zu einem Objekt, das an einen Baum erinnert, den „*Formenbaum*", der aus verschiedenen Materialien wie Gips, Metall und Geflecht zusammengesetzt ist.

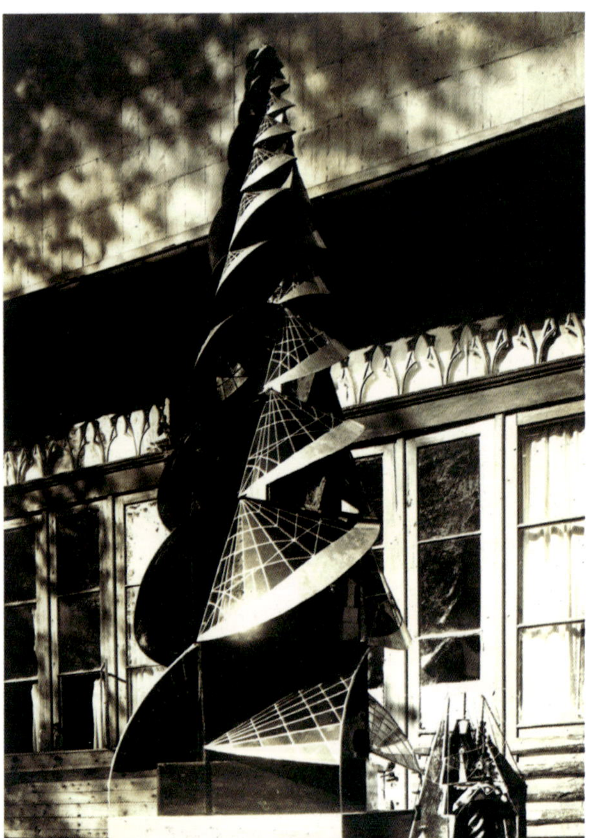

Turm des Lichts vor dem Tempelherrenhaus 1920, Fotografie von Paula Stockmar, Bauhaus-Archiv Berlin

Am 14. Juni 1920, zwei Tage nach der Geburt seines Sohnes Matthias, schrieb Itten an Anna Höllering: *„Augenblicklich warte ich auf meinen Glasturm, der jeden Augenblick ankommen kann vom Glasmacher."* Der *„Glasturm"* war lediglich ein Modell von immerhin 3,60 m Höhe, das Itten bei einem Weimarer Handwerker in Auftrag gegeben hatte.

Der reale Turm sollte aus unterschiedlichen Materialien gefertigt werden, die unteren vier Würfel aus Stein, die mittleren vier aus Metall und die oberen vier aus Glas. Für die vier mittleren Würfel waren zwölf Glocken vorgesehen, und vier Lichtkugeln sollten die Spitze bilden. Auch Farbe war geplant: *„Bei dem zwölfteiligen Turm tritt eine Farbe sechsmal auf. Nun angenommen, daß der Turm vom Zenit aus beleuchtet würde, so wäre die Aufgabe, die sechs Farbstufen einer Farbe zu gebrauchen. So, daß sich unten Dunkel, oben Hell ergibt. Aber da in unserer Gegend die Beleuchtung eine einseitige ist, so wäre die Farbe wohl so zu geben, daß eine möglichst allseitige Wirkung zustande käme. Etwa so, daß auf der Schattenseite die Farbe erhellt würde. Oder, wenn der Turm an einem Ort steht, wo eine starke plastische Wirkung herrschen muß, dann wären auf der Schattenseite die kalten dunklen Farben zu geben, und die gelbe Würfelseite auf dem ersten Würfel wäre nach Süden zu stellen"*, so Itten in einer Notiz.

Oben an der Spitze waren Glocken vorgesehen, die im Modell fehlen. Der Modell-Turm wurde vor dem Tempelherrenhaus, dem Atelier Ittens, im Freien aufgestellt. Neben den vorbereitenden Zeichnungen in den Tagebüchern wurde eine Reihe von Fotografien angefertigt, die den Turm leider nur in Schwarzweiß zeigen.

Für eine geplante Publikation notierte Itten 1964 auf der Rückseite eines historischen Fotos: *„Die Form des Turmes entwickelt aus einem Würfel, der immer wieder um 1/3 der Seite gedreht wird. Die Verbindungen der sich* *ergebenden Ecken ergeben die Kegelflächen (aus farbigem Glas). In der Nacht sollten die Glaswände von innen erleuchtet sein (als Merkmal einer Stadt für Flieger!) Er ist in der Ausführung als sehr hoch gedacht. Zuoberst wäre ein Leuchtfeuer, das sich dreht.*"

Der Weimarer Kunsthistoriker Rolf Bothe bringt den *Turm des Lichts* in Verbindung mit dem damaligen Flughafen Lindenberg am Webicht in Weimar. Der ehemalige militärische Flugplatz wurde ab dem 6. Februar 1919 von der ersten zivilen Fluglinie, der Deutschen Luft-Reederei als Flughafen genutzt. Zweimal täglich waren es jeweils zwei Flüge, die die Stadt Berlin in der Weimarer Republik mit dem damaligen Sitz der Nationalversammlung in Weimar verbanden und Reisende sowie Post transportierten. Ob Itten bei seinem Entwurf an eine Realisierung auf dem Flugplatz gedacht hat, lässt sich aus den Unterlagen nicht mehr nachvollziehen.

Tatsache bleibt, dass Itten das aufwendige Turm-Modell selbst finanzierte und es, zerlegt und in Kisten verpackt, später aus Weimar mitgenommen hat. In den Wirren des Zweiten Weltkrieges sind diese Kisten dann verloren gegangen. Inzwischen ist das Modell des ‚Turms' verschiedene Male nachgebaut und in diversen Ausstellungen gezeigt worden. Die letzte Rekonstruktion steht im Bauhaus Museum Weimar. Der dortige Kurator Michael Siebenbrodt nennt das Modell, „*eine Architektur-Farb-Licht-Klang-Plastik als ‚Weltanschauungskunstwerk'*".

Zur Geburt seines Sohns Matthias malte Itten ein Bild in zwei Fassungen, das er mit Vorzeichnungen und Skizzen vorbereitete. Wie bei allen seinen Gemälden hat Itten eine exakt konstruierte Struktur zugrunde gelegt und diese nicht, wie bei den anderen Bildern, mit geometrischen Formen belegt, sondern mit symbolisch aufgeladenen Gegenständen. Das Kind steht aufrecht, dunkelblau gekleidet und trägt auf dem Kopf „*die herz-*

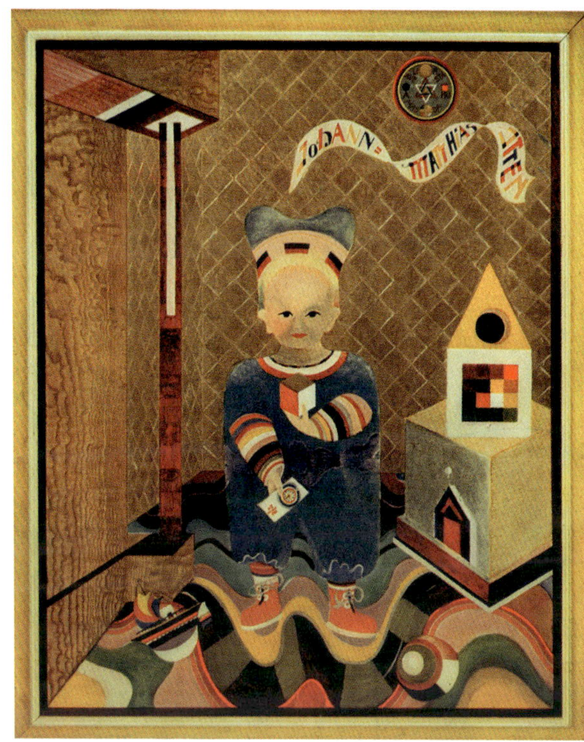

Das Kinderbildnis, 1921/22, Öl auf Holz, 110 x 90 cm, Kunsthaus Zürich

förmige Haube ägyptischer Pharaonen und Priester und wird dadurch zu einem Mittler zwischen dem körperlichen und geistigen Bereich." Auf dem Blatt in seiner rechten Hand sind Geburtsort und -zeit vermerkt und in der linken hält es einen Würfel als Baustein des Lebens. „*Es steht nicht auf festem Grund, sondern in der bewegten Welle, während hinter ihm die Blaue Blume in der Form eines Lebensbaums erblüht* […]. *Auf den Wellen tanzen Schiff und Ball* […] *vieldeutige Symbole für das Abbild des Kosmos, die Farbkugel und für die Lebensreise.*" Das Schriftband über dem Kopf nennt den Namen „*Matthias Itten*" und über dem Band steht der Mazdaznan-Stern, eingeschrieben in einen mehrfarbigen Kreis.[16] Eva Badura-Triska und Dieter Bogner nennen das Gemälde „*ein die Zukunft beschwörendes Lebensbild des Sohnes.*"

[16] Zürich 1983, 318.

Christoph Wagner räumt dem Kinderbild den Rang eines Schlüsselwerkes in der künstlerischen Entwicklung Ittens ein, *„weil es in neuer Form Figuration und Abstraktion als parallele Möglichkeiten der künstlerischen Arbeit nebeneinander stellt und zugleich auf singuläre Weise einen Einblick in den ambitionierten weltanschaulichen Hintergrund der künstlerischen Arbeit Ittens gewährt."*[17]

Zu den grafischen Arbeiten Ittens am Bauhaus gehörte ein Beitrag im ersten Heft des Almanachs *Utopia, Dokumente der Wirklichkeit.* Bruno Adler

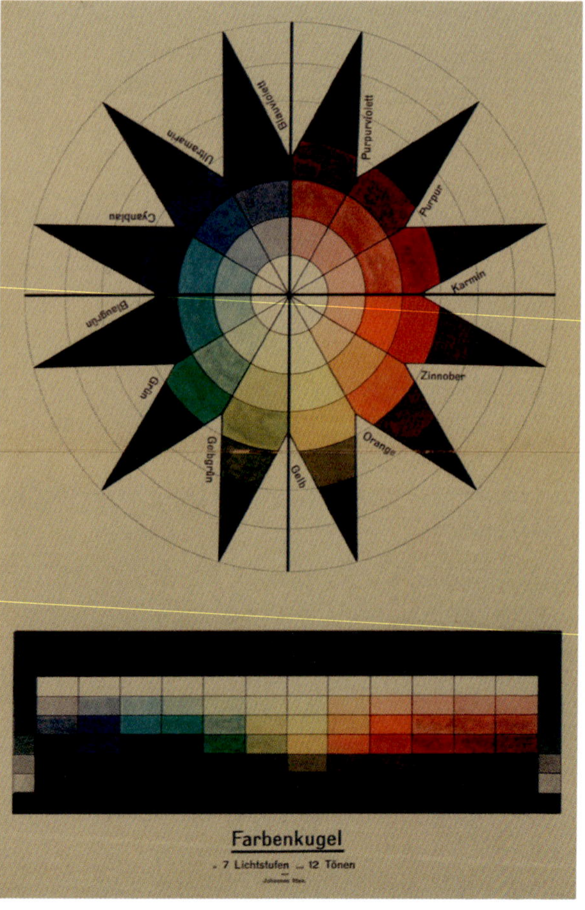

Farbkugel in 7 Lichtstufen und 12 Tönen, Weimar, 1921, Lithographie, 47 x 32 cm, Itten-Archiv, Zürich

[17] Saarbrücken 2003, 36.

(1889–1968), promovierter Kunsthistoriker und Literaturwissenschaftler, war Itten aus Wien gefolgt. Er las Kunstgeschichte am Bauhaus und gründete in Weimar den Utopia Verlag. In der Literatur wird die Mappe als eine Darstellung der theoretischen und didaktischen Grundsätze Ittens bezeichnet. Mit den zehn schwarz-rot gedruckten Blättern versuchte Itten, *„die Bewegungs-, also Formcharaktere, sowohl graphisch wie durch die Schrift- und Wortform zu zeigen“* und empfahl: *„Zeichne das Bild auswendig – Du erlebst ein Kunstwerk, es wird in Dir wiedergeboren.“* Dazu wurden die zeichnerischen Analysen von fünf Werken „Alter Meister“ abgedruckt und *„als Beilage publizierte er erstmals sein Farbordnungsmodell, den zwölfteiligen Farbstern – im Prinzip eine Projektion der Rungeschen Farbkugel in die Fläche.“*[18]

MAZDAZNAN

Inzwischen war Mazdaznan ein fester Bestandteil am Bauhaus. Mit der Berufung von Georg Muche, der ab April 1920 in Weimar wohnte, hatte Itten einen Verbündeten und Mitstreiter. *„Wir arbeiteten in freundschaftlicher Weise zusammen. Für uns und unsere Arbeit suchten wir nach Grundlagen einer neuen Lebenspraxis“* und sie fanden diese in der Mazdaznan-Lehre.[19]

Am Bauhaus pfiffen die Studenten auf die Melodie *„hier kommt der Prinzregent“*: Itten – Muche – Mazdaznan.

„Mazdaznan stammt als Wort aus der Zensprache, bedeutet der Meistergedanke oder der Gedanke, der alles meistert, ist eine Botschaft an die Welt und umfasst alles: den Gedanken, das Wort und die Tat. Es nimmt den Faden des Lebens an der Wiege auf, verfolgt ihn auf allen Stufen der Entwicklung und durch alle Wechselfälle menschlicher Erfahrungen, bis die Abendschatten des

[18] Wien/Zürich 1988, 89.

[19] Peter Schmitt: Johannes Itten in Herrliberg. Versuch einer Annäherung an ein bisher wenig beachtetes Kapitel in Ittens Biografie, 197-209, in: Festschrift für Brigitte Klesse, Berlin 1994, 198.

Erdendaseins den Menschen umhüllen und die weichen Arme der Nacht sich ausstrecken, um ihn einem neuen Tage nützlichen Wirkens in einem anderen Reiche zuzuführen", erklärt ein Faltblatt zu Mazdaznan.

Gegründet wurde Mazdaznan 1890 in Chicago von Dr. Otoman Zar-Adusht Ha'nish (wohl 1844–1936) weitere Orte wie New York und Los Angeles kamen in den späteren Jahren hinzu.

Über den Gründer gibt es unterschiedliche Aussagen und die Versionen zu seinem Lebenslauf sind so vielfältig wie die Nachschlagewerke, die man dazu konsultiert. Angeblich sei er im Iran als Sohn des russischen Botschafters und einer deutschen Mutter aufgewachsen. Wegen eines Herzleidens gaben ihn seine Eltern in ein Kloster zu Mönchen, die seine Krankheit durch spezielle Atemtechniken heilen konnten. Er sei im Kloster geblieben und nach einer etwa 25-jährigen Ausbildung dann nach Amerika gegangen, um in Chicago das erste Mazdaznan-Zentrum zu gründen und die Lehre weiterzugeben, so das Brockhaus-Lexikon von 1971.

Andere Biografen geben als Eltern den russischen Generalkonsul und eine iranische Prinzessin an. Den Mazdaznan-Quellen zufolge wurde er als „*Sarmantian de Caspiany*" 1844 in Teheran geboren und nahm nach einem Schiffunglück, das er als Einziger überlebte, den Namen Otoman Zar-Adusht Ha'nish an, so die Herrliberger Schriften 1992. Durch Urkunden und Dokumente wiesen seine Gegner nicht nur ein anderes Geburtsdatum, nämlich 1866, sondern auch eine Herkunft aus Westeuropa nach, zur Auswahl stehen Posen oder Weißenberg im ehemaligen Westpreußen. Der Beruf des Vaters wird als Eisenbahnbeamter oder auch, in amerikanischen Quellen, als Lebensmittelhändler angegeben und er selbst war wohl als Schriftsetzer ausgebildet worden.

Eine schillernde Persönlichkeit also, die sich aber, Anfang des 20. Jahrhunderts, präzise und korrekt als *„Otto Hanisch"* in das Herrliberger Grundbuch als Eigentümer der *„Aryana-Kolonie"* eintragen ließ. Andererseits aber unterschrieb er manchmal mit *„Otoman, Fürst von Adusht"*.[20]

Zu Beginn des 20. Jahrhunderts kam die Lehre nach Europa, so soll es 1910 fünfzehn Niederlassungen in Deutschland gegeben haben und 1912 zählte man bereits doppelt so viele, Österreich und die Schweiz miteingeschlossen. Ein Jahr zuvor war in London ein großer europäischer Mazdaznan-Kongress abgehalten worden, zu dem Ha'nish aus Amerika anreiste und von London aus eine Europareise unternahm.

Leipzig wurde ab 1907 zum zweiten Zentrum neben Chicago und mit David Ammann (1855–1923) hatte die Bewegung einen engagierten Leiter, der später die Niederlassung in Herrliberg bei Zürich gründete und leitete.

Die finanzielle Grundlage der Lehre waren Spenden, mit denen die Herausgabe von Zeitschriften und Büchern sowie Tagungen und nicht zuletzt auch der organisatorische Aufbau finanziert wurden. Auch eigene Gebäude, in denen die Versammlungen abgehalten wurden, errichtete Ha'nish mit Spendengeldern.

An der Spitze stand der *„elector"*, nämlich Ha'nish selbst, ihm halfen ein alle vier Jahre neu zu wählendes ‚Tribunal' aus 24 Richtern und ein das Tribunal unterstützender Frauengerichtshof. Die Mitglieder wurden in drei Gruppen und ‚Grade' unterteilt: die Verbündeten, die Freunde und die Gefährten. Alle bezahlten einen ranggemäßen jährlichen Beitrag – in Deutschland waren das 48 Mark (1. Grad), 36 Mark (2. Grad), 24 Mark (3. Grad) – und hatten unterschiedliche Verpflichtungen. Nur für die Verbündeten gab es die Möglichkeit, in den inneren Zirkel aufzusteigen und wichtige kultische Handlungen abzuhalten. Ehepaare

[20] Arian 2010, 540.

und Kinder zu salben, war das alleinige Vorrecht von Ha'nish, der dies bei seinen meist jährlichen Besuchen durchführte. Gleiches galt für Botschafter-Ernennungen wie die von Willem Sandberg (1897–1984) für die Niederlande im Jahre 1922. Botschafter hielten Vorträge und gaben Kurse in Atemlehre. Wahrscheinlich war auch Itten Botschafter, vermutlich für die deutschsprachigen Länder.

Wann und wie Itten mit Mazdaznan in Kontakt kam und wann er dieser Bewegung beitrat, lässt sich nicht mehr genau klären. Er selbst hat dazu unterschiedliche Angaben gemacht, ebenso dazu, wie lange er aktives und passives Mitglied war. Mehrfach gibt es Hinweise, dass er sich mit Mazdaznan schon vor der Bauhaus-Zeit beschäftigt hat, so lassen sich Elemente der Mazdaznan-Lehre in Ittens theoretischen Überlegungen feststellen, wie die Einteilung der Menschen in drei Temperamente: materiell, spirituell, intellektuell.

Im Tempelherrentagebuch von 1920 finden sich etliche Notizen sowie einige Zeichnungen zu Kopfformen. Itten weist hier den drei Temperamenten gewisse Schädelformen zu: 1. Materiell – Schädel zur Seite, 2. Spirituell – Schädel nach oben, 3. Intellektuell – Schädel nach vorn.

Mit Muche nahm Itten 1921 in Leipzig an einer Gahanbar teil.[21] Begeistert kam Itten zurück und bald gab es einen Mazdaznan-Zirkel, der, wie Paul Citroen (1896–1983) schrieb, *„eine Sondergemeinschaft innerhalb der Schülerschaft bildete.“*[22] Itten war der Mittelpunkt der Gemeinschaft und strahlte, laut Citroen, *„etwas Dämonisches aus. Er war als Meister innigst verehrt oder aber, von seinen Gegnern, deren es eine Menge gab, ebenso gehaßt. Ignorieren konnte man ihn jedenfalls nicht* […].“ Zur ersten Bauhaus-Mappe, die 1921 erschien, steuerte Itten eine Farblithografie mit einem kalligrafisch gearbeiteten Spruch von Ha'nish bei: *„Gruß*

[21] Gahanbar, auch Gahambar geschrieben, sind Festtage im zoroastrischen religiösen Jahr.

[22] Paul Citroen: Mazdaznan am Bauhaus, in: Eckhard Neumann (Hg.): Bauhaus und Bauhäusler, Köln 1985, 34.

und Heil den Herzen, welche von dem Licht der Liebe erleuchtet und weder durch Hoffnungen auf einen Himmel noch durch Furcht vor einer Hölle irregeleitet werden.“

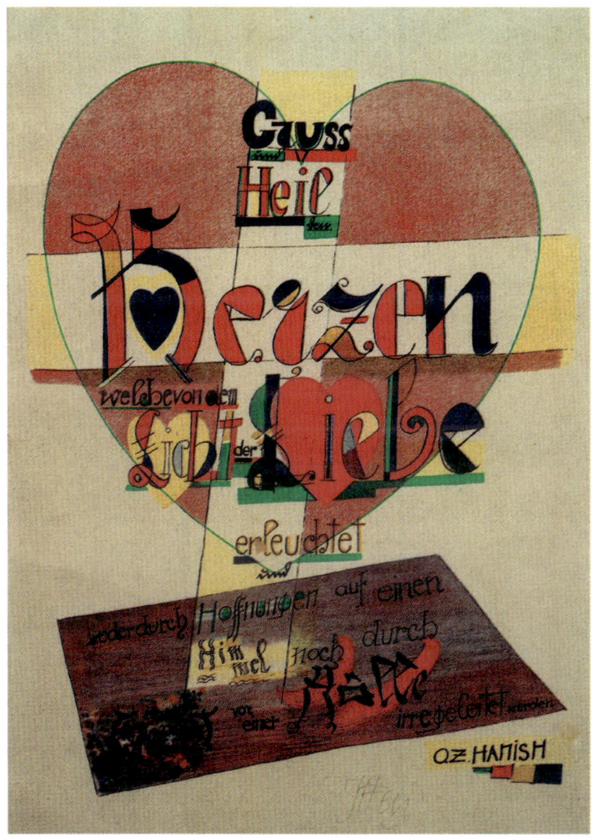

Gruß und Heil den Herzen, Farblithografie, 1921, 34,7 x 24,7 cm, Itten-Archiv, Zürich

Auch das zweite Blatt, das Itten für diese Mappe schuf, ist von der Mazdaznan-Lehre geprägt. Es verweist auf die Rassenlehre, die eine der Grundlagen der Lehre ist.

Nach der Gahanbar wurde im Sommer 1921 die „*Mazdaznandiät*“, wie Schlemmer sie nannte, in die Bauhaus-Kantine eingeführt. Die Kantine war das ehemalige Brendelsche Atelier, ein Steinbau mit einem Glasdach, das mit einem Küchenanbau im Oktober

1919 eröffnet wurde. In den Zeiten der Lebensmittelrationierung war es schwierig, die Grundnahrungsmittel zu beschaffen und so wurde ein Grundstück an der Straße Am Horn gepachtet und dort Gemüse angebaut. Im Sommer 1921 konnte das erste Obst und Gemüse in der Kantine verarbeitet werden und so passte es gut, dass nun nach Mazdaznan-Regeln gekocht wurde. „*Ich schrieb, daß in der Bauhausküche die Mazdaznandiät eingeführt werden soll oder versucht würde. Itten und einige Getreue vom Bauhaus leben seit längerem nach den Regeln, und von einem stattgehabten Kongreß in Leipzig kam Itten begeistert zurück*“,[23] so Schlemmer.

Zwar waren nicht alle von der „*Mazdaznandiät*“ – vegetarisch ausgerichtet – begeistert, aber es gab bereits seit 1920 mehrere Buch-Exemplare der Mazdaznan-Ernährungslehre im Bauhaus. Hier konnte man lesen: „*den wahrhaft nach Fortschritt und Entwicklung strebenden Menschen ist inzwischen klar geworden, daß eine einfache und wissenschaftliche Ernährungsweise, wie Mazdaznan sie seit Jahrtausenden lehrt, nicht nur der Gesundheit des einzelnen dient und seiner seelischen und geistigen Entfaltung voran hilft, sondern sogar das Gedeihen, den Frieden, das Glück und die höchsten Möglichkeiten für ein ganzes Volk erschließt. Die Menschen fangen wieder an zu begreifen, daß sie sich mit dem Essen und Trinken den Weg zur Vollkommenheit ebnen sollen und können.*“[24] Nur richtig satt wurde man davon nicht, wie die Studenten in der Rückschau erzählten. Dazu galt es, die – teilweise umständlichen – Vorschriften bei der Zubereitung einzuhalten, die Itten und Muche sehr geläufig waren. Die Studenten schwärmten von diesen Mahlzeiten, wenn sie eingeladen wurden.

Der „*Eingeweihte*“ hatte nicht nur die „*richtige*“ Nahrung zu essen, er musste auch auf andere Weise seinen Körper gesund halten, dazu zählten neben den Atemübungen auch regelmäßige Darmreinigungen. Bauhausschüler Paul Citroen hat das mit Worten und in Zeich-

[23] zit. n. Beilfuß 2014, 33.

[24] zit. n. Ackermann 2008, 35.

nungen festgehalten. Trotzdem fühlte sich Citroen – nach eigener Aussage – glücklich und bevorzugt, denn er hatte *„ein gehobenes Selbstbewusstsein“*, indem er den Vorschriften folgte.

Nicht nur bei den Studenten war dies so, auch Itten selbst hatte eine elitäre Haltung, die er durch die Kleidung zusätzlich betonte. Für ihn war ausnehmend wichtig, dass es bei Mazdaznan um den ‚ganzen‘ Menschen ging, also auch die Kleidung und das Material derselben mit einbezogen waren – wie sich aus den Anzeigen in der Mazdaznan-Zeitschrift ablesen lässt.

Sein Äußeres änderte sich. Zwar behielt er den rasierten Schädel noch bis Ende 1921 bei, den dreiteiligen bürgerlichen Anzug, wie er ihn in Wien getragen hatte, legte er aber früher ab. Fotos zeigen ihn in einem *„Malkittel“*, wie er häufig genannt wird, der sich deutlich von den gängigen, in Akademien getragenen Malkitteln unterscheidet.

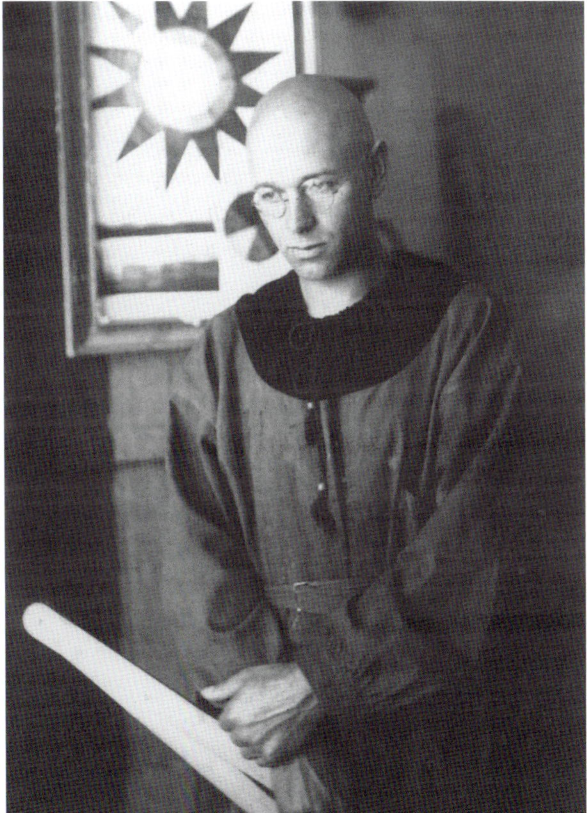

Johannes Itten im ‚Malkittel‘, ca. 1921 von Paula Stockmar

Wie Christoph Wagner treffend dazu bemerkt: *„Die Fotografie zeigt einen Künstler, der mit glattrasiertem Kopf und im selbst entworfenen Habit eines Malkittels sein Leben unter den Vorzeichen der Mazdaznan-Bewegung einer mönchisch-klösterlich anmutenden, ganzheitlichen Kunstlehre widmet.“*

Die Kleidung erinnert mehr an die ‚Künstlerkleider', in denen sich Künstler gerne zeigten, um ihren besonderen ‚Künstler-Status' zu unterstreichen. Die Liste reicht hier von William Morris in kurzem Kittel über Melchior Lechter im langen Samtgewand, bis hin zu Wenzel Hablik, kurz behost mit fantasievollem Jackett.[25] Verwiesen sei auf heutige Gestalter, darunter vor allem Architekten, die vorwiegend Schwarz tragen.

Zusätzlich hatte Itten *„ein hochgeschlossenes Gewand“* entworfen, ein Mazdaznan-Gewand.

In der Tat folgte ihm Muche, wie eine Zeichnung von Paul Citroen belegt. Für die meisten Studierenden war es jedoch eine Kostenfrage und so trugen sie weiterhin ihre fantasievoll zusammengestellte Kleidung, wie Bauhausstudent Max Pfeiffer-Watenpful (1896–1976, promovierter Jurist), sich 1991 erinnerte: *„Wir kleideten uns in billige Fetzen, die wir aber malerisch drapierten. Manche von uns bemalten Tag für Tag die Schuhe mit einer anderen Farbe oder trugen Russenkittel, die mit großen, an Halsketten hängenden Brustkreuzen geschmückt waren.“*

Itten selbst besaß drei Ausführungen des Anzugs in Weinrot, in Grau und in Weiß. Den grauen Anzug trug er auch nach der Bauhaus-Zeit, wie Fotos aus den Jahren 1924 und 1925 zeigen (z. B. Amsterdam 1925). Hätte er diesen Anzug eigens als ‚Bauhaustracht' entworfen, hätte er ihn nach seinen Bauhaus-Jahren nicht mehr tragen wollen! Dass er ihn weiterhin trug, beweist eher, dass es ein Mazdaznan-Gewand war.

Paul Klees Sohn Felix sah Itten in einem dieser Anzüge und erinnerte sich daran, als er die Abschiedsrede bei der Beerdigung Ittens 1967 hielt: *„Die erste*

[25] Karin Thönnissen: Bauhaus Tracht – Mythos oder Realität, in: Künstler ziehen an. Avantgarde-Mode in Europa 1910–1939, Ausstellungskatalog Museum für Kunst- und Kulturgeschichte Dortmund, 1998, 78–83.

Begegnung war mir unvergesslich. Kahlgeschoren, mit schmaler goldener Brille, einem rotvioletten uniformartig geschnittenen Gewand, von einer breiten Schnalle gehalten und dazu grosse Hausschuhe. Er hatte etwas sektiererisches an sich, etwas magisches und faszinierendes, das uns junge Schüler sofort in Bann zog.“

ITTEN UND GROPIUS

In die Literatur ist die Auseinandersetzung zwischen Itten und Gropius als ‚Itten-Gropius Streit' eingegangen. Es war wohl in erster Linie ein Machtkampf um die Führungsposition. Itten war eine starke Persönlichkeit, schon 1919 hatte Alma Mahler ihren – damaligen – Ehemann Gropius gewarnt: *„gerathe nicht unter seinen Einfluss. Dies wünscht er sehr und es gelingt ihm, wenn er will.“*[26]

Die ersten Monate am Bauhaus verliefen dennoch weitestgehend störungsfrei, Gropius war mit Organisations- und Finanzierungsfragen beschäftigt, hatte dazu, wie Schlemmer im August 1920 an seinen Freund Meyer-Amden schrieb *„schwere Kämpfe zu bestehen, gegen Landtag und alte Akademie.“*[27] Gropius kämpfte an vielen Fronten, da waren neben der Politik und den Professoren der ehemaligen Kunsthochschule auch die Weimarer Bürger, die gegen das Bauhaus protestierten. Und da war auch Itten, der bereits im Sommer 1920 daran dachte, in die Schweiz – nach Bern – zurückzugehen und damit drohte.

Im Dezember 1920 berichtete Gropius in einem Brief an seine Freundin Lily Hildebrandt: *„Kaum war mit Müh und Not die Angelegenheit Itten erledigt, er wolle bleiben, nach dem ich ihm vorgehalten, daß seine Demissionierererei mir nicht imponiere und zu bequem sei, da bricht ein neuer Skandal los, Ittenschüler kontra Germanen, der außerordentlich heftig wurde.“* Gropius konnte alles in den Griff bekommen und ausgleichend wirken,

[26] zit. n. Isaacs 1985, Bd. 1, 228, Brief vom 24.09.1919.

[27] zit. n. Beilfuß 2014, 19.

nur leider gelang es ihm nicht, den Vorkurs bereits im Frühjahr 1921 semesterweise von verschiedenen Meistern abhalten zu lassen. Itten ließ sich lediglich von Muche in den Sommersemestern vertreten. Immerhin konnte Schlemmer noch im Juni 1921 schreiben: „*Gropius ist Itten. Nur was dieser sagt tut jener (in wesentlichen Fragen)*".

Der Einzug der Mazdaznan-Lehre ans Bauhaus im Sommer 1921 veränderte dann vieles, sie spaltete das Bauhaus in Anhänger und Ablehnende und war für Itten der ausschlaggebende Punkt bei Auswahl und Aufnahme von Studenten. Durch seine Machtfülle – er leitete den Vorkurs und war Formmeister in den meisten Werkstätten – wollte er nicht nur die Richtung, sondern auch das Endziel „*die universalistisch geprägte Künstlerpersönlichkeit auf der Grundlage des Handwerks*" und das Leben nach Mazdaznan-Regeln vorgeben. Er selbst lebte es vor.

Äußerst subtil steuerte Gropius dem Führungsanspruch Ittens entgegen, indem er die anderen Meister mit einbezog, denn inzwischen war das Lehrerkollegium fast vollzählig. Im Meisterratsprotokoll vom Oktober 1921 wurde festgehalten: „*Gropius* […] *weist daraufhin, dass unter den Lehrlingen eine Überspannung des Gefühlsmässigen charakteristisch sei, so dass eine Schulung der Denk- und Verstandeskraft not tue.*" Damit war mehr geregelter und konkreter Unterricht gemeint.

Wohl kurz vor der Meisterratssitzung im Dezember 1921 hatte Itten deutlich zum Ausdruck gebracht, dass er das ursprüngliche Programm des Bauhauses ablehne und dass er vor allem die bezahlten Auftragsarbeiten für überflüssig halte. In der Meisterratssitzung versuchte Gropius nun, die Leitung der Werkstätten gleichmäßig auf alle Meister zu verteilen, was ihm zunächst nicht gelang: bis zum Semesterende sollte alles beim Alten bleiben. Er zog sogar auf Wunsch Ittens seine Aufträge aus den Werkstätten zurück, erfuhr aber kurz vor Weihnachten, dass Itten seinerseits Aufträge ausführen lassen wollte. Im folgenden Briefwechsel, in dem es um diese Auftragsarbeiten ging, legte Itten sofort die Leitung dreier Werkstätten (Tischlerei, Metall, sowie Holz- und Steinbildhauerei) nieder und führte, auf Bitten von Gropius, der sich um die Schüler sorgte, lediglich seinen Unterricht bis zum Semesterende weiter. Gropius sah ganz richtig, dass *„die Gründe zu unserer Spannung weniger in der Sache als vielmehr im persönlichen liegen"*, und informierte die anderen Meister.[28]

Anfang Februar 1922 wandte sich Itten erneut an Gropius: *„Meister Gropius, Durch meine Arbeit in den verflossenen zweieinhalb Jahren, die ich hier am Bauhaus geleistet habe, glaube ich genügend klar gezeigt zu haben, welches meine Ansicht ist inbezug auf Erziehung, Unterricht und Leben, so daß ich es für durchaus überflüssig erachte, mich dazu noch einmal zu äußern. Im übrigen kann ich mir kein klares Bild von den Absichten und Plänen, die Sie uns mitteilen, machen; weshalb ich auf meiner romantischen Insel in Stille verharre."*

Und so hieß es bei Schlemmer im Juni 1922 an Meyer-Amden: *„Ich schrieb Ihnen von dem Zweikampf Itten – Gropius. Der war einmal so, daß es schien: der eine oder der andere. Inzwischen wurde scheinbar gütlich beigelegt; Itten mußte sich in seinen Befugnissen beschränken, von Gropius begründet mit den neu Berufenen und deren Wirkungskreis. Gropius machte umso mehr in Expansion. Itten zog sich zurück – vom Unterricht, von den Werkstätten, auf seine eigene Arbeit: er malte wieder nach Natur und Tafelbilder. Dazu Maz. Die Ausbreitung, die er dieser Lehre wünscht, stieß besonders bei Gropius auf Widerstand. Gropius fürchtete die Sektiererei am Bauhaus. Diese Gefahr war in der Tat. Itten zog sich zurück mit seinen Getreuen; die Sache, die eine Bauhaussache werden sollte, blieb auf den kleinen Kreis beschränkt."*[29]

[28] Weimar/Berlin/Bern 1994/95, 462.

[29] zit. n. Beilfuß 2014, 34 f.

ABSCHIED

Zur Legendenbildung gehört wahrscheinlich auch Folgendes, das Itten 1961/62 unter *„autobiografische Fragmente"* niedergeschrieben hat: *„Als 1923 Gropius ‚zufällig' einem meiner Analysen-Vorträge beiwohnte, in welchem ich über Formsymbolik sprach, sagte er am Schluss zu mir: ‚Itten, ich kann diesen Ihren Unterricht nicht mehr verantworten.' Ich sagte darauf: ‚Nun – dann gehe ich fort!' 1923 verließ ich das Bauhaus um erweiterte Studien zu beginnen."*

Ganz so spontan, wie es hier scheint, war es nicht. Seine Kündigung lautete: *„Sehr geehrter Herr Gropius, Da sich meine Auffassung von der Lösung der Aufgabe des staatlichen BA in den Hauptpunkten wesentlich unterscheidet von der Art und Weise, wie Sie als Leiter der Anstalt die Lösung versuchen so sehe ich mich außer Stande, mit die Verantwortung für das Gelingen der Lösung tragen zu helfen. Dies veranlaßt mich, Sie zu bitten, mich auf Ende des Wintersemesters 1922/23 aus dem Lehrkörper des staatlichen Bauhauses zu entlassen."*

Zieht man den Vertrag hinzu, den Itten und Gropius 1919 unterzeichnet haben, ist es eine ziemlich ‚punktgenaue' Kündigung. Die Vertragsklausel: *„für das Bauhaus bis zum 30.09.1922 unkündbar"*, reizte Itten quasi bis zum Letzten aus, er kündigte selbst vier Tage später, am 4. Oktober 1922 zum 1. April 1923. Vielleicht auch, um einer Kündigung von Seiten Gropius' zuvorzukommen. Nach all den Querelen, den offenen und verdeckten Kämpfen zwischen ihm und Gropius, liegt der Schluss nahe. Inwiefern das Schicksal des zweiten Kindes, das kurz nach der Geburt im September 1922 starb, dabei eine Rolle spielt, lässt sich nicht mehr feststellen.

Der Weggang vom Bauhaus war gut vorbereitet, Itten hatte die Ferien meistens in der Schweiz, u. a. auch in Herrliberg, verbracht und diese Aufenthalte offensichtlich genutzt, neue Arbeitsmöglichkeiten zu suchen.

Wie Schlemmer bereits im Juni 1922 in einem Brief an Meyer-Amden festhielt: *„Itten will, wie er mir sagte, in Zürich Vortragskurse an der Universität und Kunstgewerbeschule halten – nicht nur ich deute dies dahin, daß er in der Schweiz sondiert, um gegebenenfalls dort zu bleiben und das Bauhaus zu lassen. Vielleicht, daß er ein Ultimatum stellen wird – vielleicht nicht einmal mehr das. Es wäre zweifellos ein Verlust für das Bauhaus. Er ist der pädagogisch Befähigtste und hat ausgesprochenes Führertalent.*“[30]

Die alten Freunde waren Itten dabei eine große Hilfe, besonders Otto Morach, zu dem er immer Kontakt gehalten hatte. Morach, wie Itten am mathematisch-naturwissenschaftlichen Seminar in Bern ausgebildet, arbeitete – nach weiteren Ausbildungen – ab 1919 als Zeichenlehrer an der Züricher Kunstgewerbeschule. Ähnliches schwebte wohl auch Itten vor. Er bereitete die Übersiedlung in die Schweiz mit einer Ausstellung im Züricher Kunstgewerbemuseum vor.

Auch am Bauhaus fand 1923 eine große Schau statt, in ihr wurde das Musterhaus Am Horn vorgestellt, ebenso der Unterricht mit Beispielen. Es erschien der erste Katalog *Staatliches Bauhaus Weimar 1919–1923*. Mit der Ausstellung stellte Gropius die Tendenzwende vor: „*Gründliche praktische Werkarbeit in produktiven Werkstätten eng verbunden mit einer exakten Lehre der Gestaltungselemente und ihrer Aufbaugesetze*“ – auch wurde eine Hinwendung zur Industrie deutlich. Mazdaznan und vergleichbare esoterische Konzepte fanden da keinen Platz.

[30] zit. n. Beilfuß 2014, 45 f.

HERRLIBERG 1923–1925

Nach langen internen Kämpfen hatte Itten im Oktober 1922 zum Semesterende am 1. April 1923 gekündigt und verließ das Bauhaus und Weimar. Er wartete offensichtlich nicht das Semesterende im April ab, sondern zog bereits Anfang Februar 1923 mit seiner Familie nach Herrliberg, an die Langackerstrasse.[1] In einem Text – vielleicht von Itten selbst – heißt es 1925: -„*dass wir hier auf einem Fleck Erde stehen, auf einem wunderbaren Fleck Erde, von dem die Chronisten einst sagen werden: Es war am Fuße des Alpengebirges, an einem langen blauen See, da war ein Berg der Herrlichkeit, und auf diesem Berg der Herrlichkeit, da trafen sich die Heiligen Gottes und hörten und lauschten den Worten, die da offenbar wurden, und eine Fülle des Lichtes strahlte über allen.*“[2]

Nahezu gleichzeitig wurde die Ausstellung *Arbeiten von Johannes Itten. Erzeugnisse der Werkstätten des Staatlichen Bauhauses in Weimar* im Züricher Kunstgewerbemuseum eröffnet, die bis Mitte März lief.[3] Spitzzüngig schrieb Schlemmer an Meyer-Amden: „*In Zürich wird nun erstmals ein Stück Bauhaus zu sehen sein, im Rahmen Ittens. Ich kann mir denken, daß der Eindruck im Ganzen einer sein wird.*“[4] Damit stellte Itten sich nicht nur erneut vor – er hatte bereits im Kunsthaus Zürich ausgestellt – sondern er empfahl sich gleichzeitig den anderen Institutionen in der Schweiz. Er trat außerdem dem Schweizer Werkbund als „*Maler, Herrliberg*“ bei.

Über diese Zeit in Ittens Leben, er blieb bis Ende September 1925, gibt es bislang nur wenige Veröffentlichungen, auch die persönlichen Aussagen über diese Zeit sind spärlich. Von etwa fünfzig Tagebüchern mit Texten und Notizen ist bei einigen Autoren die Rede, auch diese sind bislang nicht publiziert worden, weil diese, wie Rotzler schreibt: „*in Zusammenhang mit Ittens Zugehörigkeit zur Mazdaznan-Bewegung*“ stehen.

[1] Peter Schmitt: Johannes Itten und der Aryana Bund in Herrliberg, in: Lichtenstern/Wagner 2003, 139–155, hier 143.

[2] Ebd. 146.

[3] Vom 11. Februar bis zum 18. März 1923, mit einem Einführungstext von Alfred Altherr im begleitenden Katalog.

[4] zit. n. Beilfuß 2014, 56.

Itten hat selbst 1926 einen Text mit dem Titel *Mazdaznan* verfasst, in dem er schreibt: *„daß Mazdaznan keine Sekte oder Gesellschaft oder irgendwelche äußerliche Organisation ist, sondern daß Mazdaznan ein Lehr- und Erziehungssystem darstellt, dessen Ziel die Gesunderhaltung und die höhere Entwicklung des Menschen ist."*

Geleitet wurde die Schweizer Mazdaznan-Niederlassung von David Ammann (1855–1923), der 1907 die deutsche Mazdaznan-Zentrale in Leipzig aufgebaut und geführt hatte. Er war dort als ‚Botschafter' für die deutschsprachigen Länder, also für Deutschland, Österreich und die Schweiz tätig und unterhielt in Leipzig einen Verlag und ein Versandhaus.

Ammann wurde zu Beginn des Ersten Weltkriegs 1914 in Leipzig als unerwünschter Ausländer – er war Schweizer und machte sich durch die Mazdaznan Aktivitäten verdächtig – ausgewiesen. Die *„Lehre verleite zu gesundheitsschädlichen Handlungen und verwirre unkritische Gemüter"*[5] hieß es.

Daraufhin zog er mit seiner Familie in die Schweiz, zunächst nach Zürich und gründete dann in Herrliberg bei Zürich 1915 die Mazdaznan-Gemeinschaft, die ein Jahr später in Verein Aryana umbenannt wurde. Der Name *„betont den von Mazdaznan vertretenen Gedanken der hervorgehobenen Stellung der ‚arischen' Rasse."*[6] Ammann stellte sein Wohnhaus als zentrales Gebäude zur Verfügung, An- und Umbauten ließen Schul- und Arbeitsräume entstehen, eine Küche und ein Gesellschaftssaal kamen dazu, ebenso wie Fremdenzimmer und Verkaufsräume. Für den Meister Ha'nish wurde eine Villa an der Aryanastr. 39 gebaut, die mit 20.000 Franken geplant, später ca. 40.000 Franken kostete, man hatte die diversen Wünsche des Meisters – immer ganz einfach – berücksichtigt, denn man hoffte, dass er dort seinen Wohnsitz nahm, was aber nicht geschah. Bei seinen Besuchen, Ha'nish ließ sich von einem jungen Mann im Rolls-Royce chauffieren, wohnte Ha'nish bei dem Ehepaar Ammann.[7]

[5] zit. n. Lichtenstern/Wagner 2003, 139.

[6] Ebd. 152.

[7] Arian 2010, 73.

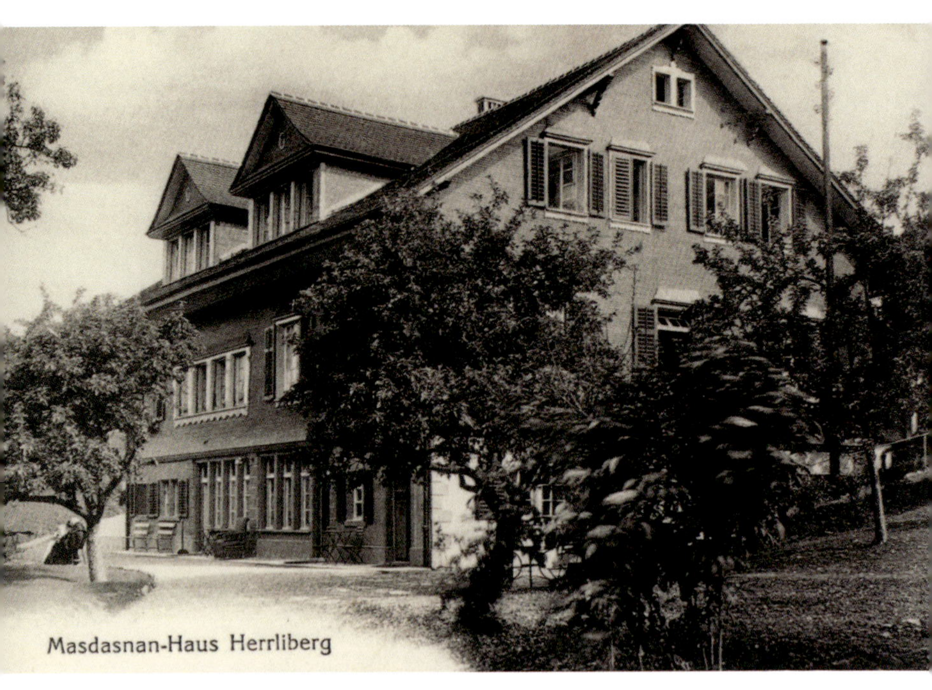

Postkarte des Mazdaznan-Hauses in der Harzer Str. 14 in Herrliberg, um 1920

Es war eine kleine Kolonie, fast ein eigenes Dorf, das sich in Herrliberg entwickelte hatte. Die Mitglieder der Gemeinschaft hatten Wohnungen und Häuser und so traf Itten in Herrliberg Carlos (Karl) Fischer wieder, den Itten um 1910 in Bern kennengelernt hatte und der auch zum Freundeskreis um Otto Morach gehörte. Fischer war zusammen mit seiner Frau Mitglied in der Mazdaznan Gemeinde und wohnte seit 1920 in der Aryanastr. 18, in einem kleinen Holzhaus, das von ihnen „*Paradiesli*" genannt wurde.

Fischer war seit 1914 Lehrer an der Kunstgewerbeschule in Zürich, er unterrichtete die Fächer Holzschnitzen, Modellieren, Formenlehre und Kunstgeschichte. Er arbeitete auch als freier Künstler und führte Marionetten nach Entwürfen von Sophie Taeuber und immer wieder auch von Otto Morach aus. Das Marionettentheater war für die Schweizerische Werkbund-

Ausstellung 1918 gegründet worden, später an der Kunstgewerbeschule angesiedelt und von ihr weitergeführt. Seine Frau beschrieb das: *„Nach und nach wurde er ganz von der Schule aufgefressen. Auch bedeutete ihm die Kunst mehr als Mazdaznan.“*[8] Auch Otto Morach, mit dem Itten stets in brieflichen Kontakt stand und den er häufig bei seinen Reisen in die Schweiz besucht hatte, traf er hier wieder. Zwar wohnte Morach nicht in Herrliberg, aber, wie Fotos belegen, war er oft als Gast hier.

Itten lernte in Herrliberg Willem Sandberg kennen, der im Dezember 1921 mit seiner ersten Frau Emy aus Gesundheitsgründen hierher gezogen war. Sandberg litt seit seiner Jugend an verschiedenen Krankheiten, die bei einem Aufenthalt in der Naturheilanstalt Jungborn im Harz erfolgreich geheilt worden waren. Auch Franz Kafka kannte diese Klinik, wie er in seinem Reisetagebuch vom Juli 1912 festhielt: *„Der Arzt, früherer Offizier, geziertes, irrsinnig, weinerlich, burschikos aussehendes Lachen. Geht schwunghaft. Anhänger von Mazdaznan. Ein für den Ernst geschaffenes Gesicht.“* Und ebenso der Maler Melchior Lechter (1865–1937), der 1919 im Sanatorium Schloss Rheinberg nach der Mazdaznan-Lehre behandelt wurde und danach wieder in der Lage war, mit Stützen zu gehen.

In Jungborn hatte Sandberg Mazdaznan-Literatur gelesen und war von der naturnahen Lebensweise fasziniert, auch die Ernährungsvorschriften und das Fasten sagten ihm zu, das Ehepaar lebte teilweise schon damals vegetarisch. So zogen sie im Dezember 1921 nach Herrliberg, Fotos zeigen beide weißgekleidet, wie es bei Festtagen üblich war und 1922 wurde die Tochter Helga geboren. Sandberg arbeitete in der Druckerei und machte hier seine erste Erfahrungen als Typograf, ebenso nahm er wohl im Sommer 1922 an Kursen von Itten teil. Wie sein Biograf schreibt, konnte sich Sandberg noch nach fünfzig Jahren genau an diesen Sommer erinnern, in dem Itten mit seinen Bauhausschülern in

[8] Tagebuch Berti Fischer, http://tls.theaterwissenschaft.ch/wiki/Carl_Fischer letzter Aufruf: 19.08.2015.

Herrliberg war. *„Beidhändig zeichneten alle große symmetrische Arabesken im Rhythmus eines Liedes und in jeder Hand ein Stück Holzkohle.“*[9]

Das Ehepaar Sandberg verließ im Sommer 1922 Herrliberg und kehrte zurück in die Niederlande, wo Sandberg bis 1926 der Leiter der niederländischen Mazdaznan-Gemeinde war. Neben Vorträgen und Kursen stellte das Ehepaar auch seine Wohnung als Versammlungsort zur Verfügung. Sandberg trennte sich dann von der Gemeinde, denn er traf, wie er sagte: *„zu viel kranke Menschen“*, allerdings hielt er weiterhin an den vegetarischen Regeln fest und fastete regelmäßig.

Eine lebenslange Freundschaft entstand in diesen Jahren zwischen Itten und Sandberg, immer wieder trafen sich ihre Lebensbahnen: 1925 und 1926 bei Vorträgen und Kursen zur Mazdaznan-Lehre von Itten in Amsterdam, – Willem Sandberg lernte bei einem solchen Vortrag seine zweite Frau kennen – im März 1938, als Sandberg sich um seinen Freund Itten kümmerte, der gerade Krefeld verlassen hatte und 1957, als Sandberg die erste große Itten-Ausstellung ausrichtete.

Johannes Itten hatte die Herrliberger Gemeinschaft schon früher kennengelernt und besucht. Bei seinen Reisen von Wien und später von Weimar aus, war er mehrmals in Zürich gewesen, wahrscheinlich auch im nahegelegenen Herrliberg. Im Sommer 1922, wie bereits gesagt, hielt er sich dann länger in Herrliberg auf.[10] Er war wohl nach der Gahanbar in Leipzig, im Sommer 1921, der Mazdaznan-Gemeinschaft beigetreten, seine Frau Hildegard folgte im Januar 1922 und er muss 1923 ‚Mitglied ersten Grades‘ gewesen sein, denn sonst hätte er die Andacht für den überraschend verstorbenen David Ammann am 27. Februar 1923 nicht halten können.[11]

Die Mazdaznan-Gemeinde hatte eine straffe Organisation, die in drei Stufen ihre Mitglieder aufnahm. Jedes Mitglied musste den festen Willen haben, die Mazdaznan-

[9] Arian 2010, 77. Es könnte allerdings auch im Sommer 1923 gewesen sein, da Sandberg im August 1923 in Herrliberg mit Frieda Ammann einen Vertrag zur Übersetzung der Mazdaznan Literatur ins Niederländische unterschrieben hatte.

[10] Vgl. Lichtenstern/ Wagner 2003, 142.

[11] Aufnahmebestätigung von Hildegard Itten-Anbelang. Bauhaus Archiv Berlin, Inv. Nr. DsC 05958.

Bewegung zu fördern, zahlte ein Eintrittsgeld und einen – ranggemäßen – jährlichen Beitrag. Erst nach einer Bewährungszeit von mindestens einem Jahr war ein Übergang in die nächst höhere Stufe möglich; hier hatte man die Ernährungsregeln zu befolgen und die Atemlehre zu beherrschen. In der Aryana Schule war es dann für Mitglieder des zweiten Grades möglich sich auf die Mitgliedschaft des ersten Grades vorzubereiten. Dazu musste eine mehrwöchige Probezeit gemacht werden – Itten muss dies wohl im Sommer 1922 getan haben – und eine Prüfung abgelegt werden. Danach hatte man die Befähigung zur höheren Stufe, musste aber die Mitgliedschaft ersten Grades beantragen und dazu vor allem darlegen, dass man *„sich ausdrücklich und feierlich bereit erklärt, Zeit seines Lebens mit seiner ganzen Person für die Mazdaznan-Lehre einzutreten."*[12]

Ittens Zuzug war sehr wahrscheinlich ein großer Gewinn für die Gemeinde, denn er war ein überzeugter Anhänger der Lehre, lebte den Regeln gemäß, vertrat sie in Vorträgen und in seinem Unterricht. Auch Itten muss Herrliberg paradiesisch vorgekommen sein, hier traf er nur Gleichgesinnte, die ihm außerdem eine große Wertschätzung entgegenbrachten: *„unser Verbündeter, Freund, der heilige Professor Itten"*.[13]

Sein wohl selbstgewählter Aufgabenkreis war ihm ebenfalls vertraut, er beteiligte sich intensiv an den *„kleingewerblichen Unternehmungen der Aryana durch die Gründung der Ontos-Werkstätten und Kunstschule"*[14] (Ontos ist griechisch und bedeutet ‚das Ding') und die Betreuung des Verlages. Wie es genau zu der Gründung kam und welche Beweggründe präzis eine Rolle spielten, konnte bisher nicht geklärt werden.

Die Schule und wahrscheinlich auch die Werkstätten waren im Gemeindehaus untergebracht und verfügten über einen – für die damalige Zeit – kostbaren Telefonanschluss. Im Briefkopf – auf dem auch *„Prof. Johannes Itten"* steht, ist rechts *„Ontos Kunstschule"* darunter

[12] Lichtenstern/Wagner 2003, 141.

[13] Itten hatte sich den Professorentitel von Gropius in einem Schreiben vom 27. Oktober 1923 bestätigen lassen. Itten-Archiv.

[14] Lichtenstern/Wagner 2003, 146.

„Naturstudium, Komposition, Form- und Farblehre“ und etwas abgesetzt *„Grafik“* angegeben. Links steht *„Ontos Werkstätten“*, darunter *„Handweberei, Smyrnateppich-Knüpferei, Gobelins“* und mit etwas Abstand *„Verlag“*. Es sind hier nur zwei Werkstätten angeben, es muss aber bereits eine Schreinerei gegeben haben, wie Itten in seinem Brief vom 17. Oktober 1923 an seinen ehemaligen Schüler Gyula Pap (1899–1983) schrieb, der in Weimar mittlerweile seinen Gesellenbrief erhalten hatte: *„Ich bin jetzt daran Werkstätten zu machen.* [Bauhäuslerin] *Gunta Stölzl hat mir* [zu] *gesagt für die Weberei. Die Buchdruckerei ist bereits in Betrieb. Die Schreinerei auch. Also geht es vorwärts. Wenn Sie Lust und Zeit haben (so wäre nach Neujahr die Möglichkeit event. eine Metallwerkstatt einzurichten) an der Sie dann herkommen könnten diese zu leiten. Es wäre aber unbedingt notwendig, dass Sie bis dahin in eine Fabrik gehen würden um den Betrieb u. die Maschinen kennen zu lernen und die Kostenberechnungen etc. Wir müssen das alles können. Wir würden dann eine Werkstatt machen in welche die Muster gemacht würden, und Lehrlinge ausgebildet werden könnten. Ev. auch mit Maschinen Vervielfältigungen machen.“* Er verspricht nach Neujahr definitiv Bescheid zu geben und dass er sich freut, wenn Pap mitarbeiten würde, bittet ihn, sich wieder zu melden und schließt mit dem Satz: *„Und die ganze Werkstatt müssten Sie dann leiten. Herzli. Friedensgruss, Johannes Itten“*. Aus diesem Ansinnen Ittens wurde letztlich nichts, da der österreichisch-ungarische Künstler Gyula Pap in seine Heimat nach Siebenbürgen zurückkehrte. Erst einige Jahre später holte Itten Gyula Pap nach Berlin.

Also waren weitere Werkstätten geplant, die sicherlich nicht nur den Bedarf der Herrliberger Mazdaznan Gemeinde abdecken sollten. Wahrscheinlich sollte die finanzielle Situation verbessert werden, denn allgemein wurden die Mazdaznan Gemeinden durch Spenden finanziert. Interessant ist, dass in der geplanten Metallwerkstatt Muster gemacht und Lehrlinge ausgebildet werden sollen. Itten spricht sogar von *„ev. auch mit Maschinen Vervielfältigungen machen“*, also war vermutlich eine Produktion geplant. Vielleicht hatte die Entwicklung in den Werkstätten des Weimarer Bauhauses den Anstoß gegeben, in den Werkstätten eine Finanzierungsquelle zu sehen. Die Webwerkstatt am Bauhaus erwirtschaftete bereits in den ersten Jahren Gewinne und eine solche Werkstatt ist mit relativ geringen Mitteln einzurichten.

Für die Weberei hatte Itten seine ehemalige Schülerin Gunta Stölzl (1897–1983) angeworben, die wohl 1923 die Werkstatt aufbaute und auch im folgenden Jahr einige Zeit dort arbeitete.[15] Wie ihre Nachfolgerin Mila Hoffmann-Lederer (1902–1993) in den 1980er Jahren berichtete: *„Als dann Jutta* [gemeint ist Gunta Stölzl] *ihr Heimweh nach dem Bauhaus nicht überwinden konnte, begleitete er* [Itten] *sie auf der Rückreise nach Weimar, um seinerseits einen Ersatz für sie zu finden. Er fand mich, und alsbald übersiedelte ich mit Sack und Pack, und in Begleitung von Hanns* [ihrem späteren Ehemann][…] *ins unbekannte Ausland.“*[16] Beide waren überzeugte Mazdaznan-Anhänger, gehörten zum engen Weimarer Bauhaus Kreis, der nach dem Weggang Ittens aus Weimar langsam zerfiel.

Wer sonst noch in der Werkstatt arbeitete, wie umfangreich die Produktion war und in wie weit die Ontos Kunstschule mit eingebunden war, lässt sich anhand der spärlichen Unterlagen nicht mehr klären. In der Werkstatt konnten fünf Personen gleichzeitig tätig sein, denn es gab einen Hochwebstuhl, dazu zwei Flach- und zwei Jacquardwebstühle. Schmitt vermutet, dass ein Teil der Textilien in der Werkstatt direkt am Webstuhl, wie teilweise es ja auch in der Anfangszeit am Bauhaus gehandhabt wurde, entworfen wurden. Ob dies nun Männer waren, da sie ja auch am Webstuhl arbeiten, oder Frauen, bleibt ungeklärt, ebenso ob sie

[15] Im Einwohnermeldeamt war sie vom 7.2.1923 – 11.8.1924 gemeldet, sie selbst gab die Herrliberger Zeit von Januar bis September 1924 an.

[16] zit. n. Lichtenstern/ Wagner 2003, 147. Gemeldet waren sie und ihr damaliger Freund Hanns vom 23.2. bis 10.04.1925. Ab 1926 Hoffmann-Lederer, ab Mitte 1950 Künstlerinnenname Bouvet, wie sie in ihren Lebenserinnerungen festhielt. Die Lebenserinnerungen werden als *„Die Harmonie des Alls und das Labyrinth der Welt“* bezeichnet, Typoskript im Nachlass Hoffmann-Lederer.

aus dem Dorf oder aus der Mazdaznan-Gemeinschaft kamen. Insgesamt fünf Teppiche sind aus den Ontos-Werkstätten nachweisbar, die Produktion – Vorhänge, Decken, Kissen und Kleiderstoffe – muss aber umfangreicher gewesen sein, wie man den Aufzeichnungen von Hoffmann-Lederer entnehmen kann.

Im Werkverzeichnis von Itten werden von Anneliese Itten zwölf, dem Textilen zuordnungsbare Nummern aufgeführt, vier davon sind Entwürfe (WV 301–312). Inzwischen hat die Forschung weitere Stücke zugefügt, die aber meist nur in Entwürfen vorhanden sind. Bereits 1924 wurden auf einer Ausstellung in Stockholm (*Schweizisk Utställning för Konst och Konsthandtverk*) und anschließend im Kunstgewerbemuseum Zürich drei Teppiche nach den Entwürfen von Itten gezeigt, einen kaufte das Kunstgewerbemuseum in Zürich für seine Sammlung an.[17] Die beiden anderen sind verschollen; alle drei wurden vermutlich von Gunta Stölzl ausgeführt, da sie sich zu diesem Zeitpunkt in Herrliberg aufhielt.

Teppich, 1924, Wolle, geknüpft, Smyrnatechnik, 142 x 133 cm, Kunstgewerbe museum Zürich

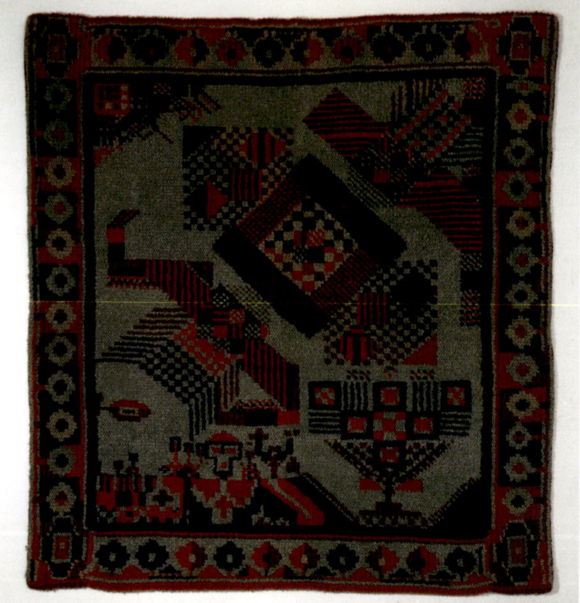

[17] Peter Schmitt. Teppich, Ornament und esoterische Symbolik bei Johannes Itten, in: Hamm/ Würzburg/ Bern 2005/06, 79-91, hier 79.

Der Züricher Teppich ist nahezu quadratisch, das Innenfeld wird von einer unterschiedlich gemusterten Randbordüre eingefasst. Entgegen den Gestaltungsprinzipien von Bodenteppichen ist hier die Bilddiagonale betont. Aus Quadraten und Dreiecken wurde eine Komposition aufgebaut und *„in den Ecken einige gegenständliche Formen eingefügt, in denen man eine menschliche Figur, einen Leuchter, Häuser und Bäume erkennen kann, deren inhaltliche Bedeutung aber dunkel bleibt.“*[18]

Seit dem Tod Ammanns war es immer wieder zu Problemen wegen der Nachfolge und den Ämtern gekommen; auch finanzielle Probleme belasteten die Gemeinde, die noch bis 1930 bestand. Zu der 1924 erfolgten Umstrukturierung, die Gemeinde nannte sich nun *„Aryana Gesellschaft“* und wurde als *„Wirtschaftsgemeinschaft“* eingetragen, kam im Frühjahr 1925 die Schließung der Webwerkstatt, die Mila Hoffmann-Lederer plastisch beschrieb: *„die Restbestände an Seiden- und Baumwollfäden in allen Farben verwandelten sich in phantastische Kleiderstoffe, die dann im nächsten Jahr der neusten Mode Pate standen. Selbst der Jacquardwebstuhl ächzte noch, bis er von selbst stehen blieb. Und last not least, am Hochstuhl saß Hanns und knüpfte geräuschlos ein letztes Andenken.“*[19] Was aus den anderen Werkstätten wurde, ist nicht belegt.

Zwei weitere Teppiche zeigte Itten 1925 auf der berühmten Pariser Ausstellung: *Exposition Internationale des Arts Decoratifs et Industriels Modernes,* beide Teppiche wurden mit einer Goldmedaille ausgezeichnet und waren im Ausstellungskatalog abgebildet. Heute gilt einer als verschollen, der andere befindet sich in der Sammlung des Badischen Landesmuseums in Karlsruhe.

[18] Ebd. 85.

[19] zit. n. Lichtenstern/ Wagner 2003, 147.

Teppich, 1924,
hellgelb, Wolle,
geknüpft,
230 x 100 cm,
Badisches
Landesmuseum
Karlsruhe

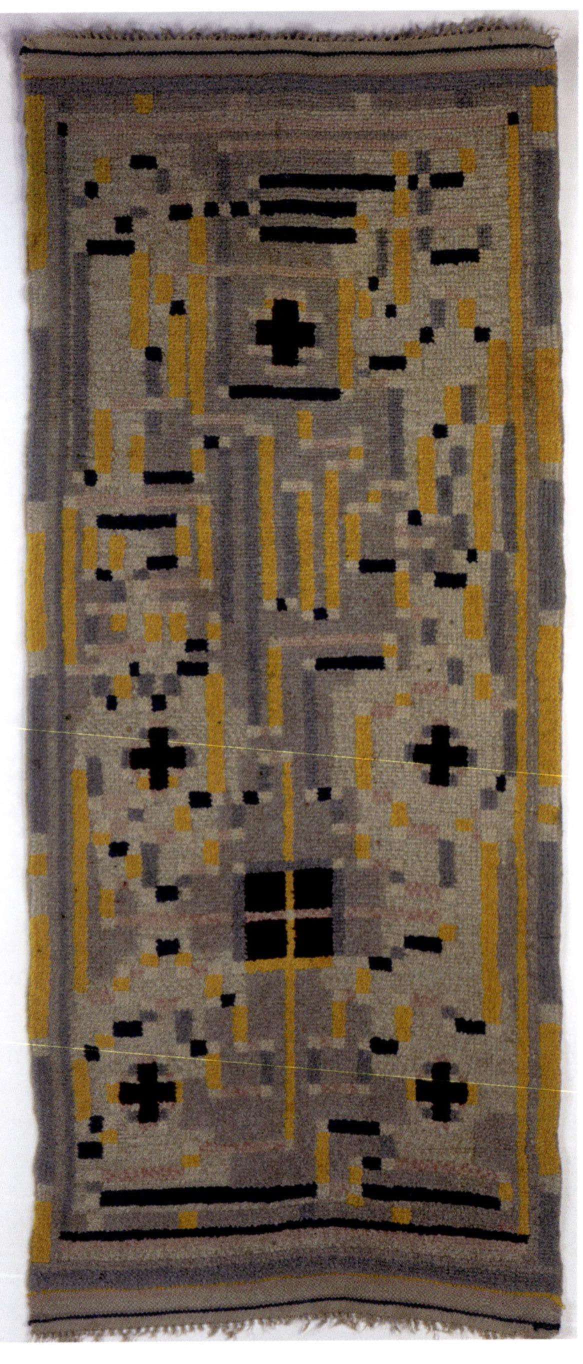

Itten hatte sich als Privatperson, d. h. als Mitglied des Schweizer Werkbundes und nicht mit den Ontos-Werkstätten angemeldet. Ob dies bereits mit seinen Überlegungen, die Mazdaznan-Gemeinschaft zu verlassen, zusammenhing, bleibt unklar. Vielleicht sah er hier aber auch eine Möglichkeit, für sich selbst zu werben, denn auch schon in Stockholm hatte er sich als Einzelperson, das heißt, als Mitglied des Schweizerischen Werkbunds an der Ausstellung beteiligt.

Beide in Paris ausgestellten Teppiche zeigen einerseits eine starke Orientierung an den Gestaltungsprinzipien orientalischer Teppiche, andererseits aber spiegeln sie Ittens gestalterische Form- und Farbgrundlagen wieder. Vor allem kannte er ja die *Methode de composition ornamentale* von Eugène Grasset, diesem Buch kommt die Bedeutung einer Grundlagenvermittlung im Entwurfsbereich, speziell für Textilien zu.[20]

Die Kunsthistoriker vermerken auch, dass Itten sicherlich die Orientteppiche in den Wiener Museen kannte und dass sich außerdem entsprechende Publikationen in seiner Bibliothek befanden. Angefertigt wurden diese beiden Teppiche von Mila Lederer. Ein weiterer Teppich, der heute in Karlsruhe ist, stammt aus einem Schweizer Nachlass und wird ebenfalls auf 1924 datiert.

Auch hier ist es wieder eine unterschiedliche gestaltete rahmende Bordüre, die ein hochrechteckiges Innenfeld mit drei Formen umschließt. Entgegen den Gestaltungsprinzipen eines Bodenteppichs hat dieser vorliegende eine Ausrichtung, d. h. man kann ihn – wie einen Gebetsteppich – nur in eine Richtung ‚lesen'. Unten ist ein nahezu rundes Feld, dargestellt wie eine Mauer, die eine Stadt umschließt, eingesetzt, vielleicht ein Hinweis auf das „*himmlische Jerusalem*" wie Peter Schmitt mit einem treffenden Vergleich darlegt. Darüber ein sechszackiger Stern, der mit weiteren sieben Sternformen

[20] Badura-Triska 1990, hier Bd. I, 76.

ausgefüllt ist und über ihm ein quer gelegtes Rechteck, unterteilt in drei quadratische Felder. Schmitt deutet den zentral gesetzten Stern als „*Symbol der Wiedergeburt*", in dem sich Stoff und Geist durchdringen, und der sich auch in Ittens *Kinderbild* wiederfindet. Aber hier ist seine Farbigkeit anders: „*Um ein ursprünglich wahrscheinlich weißes Mittelfeld gruppieren sich Zacken in den Farben Rosa, Orange, Gelb, Hellgrün, Blau und Grauviolett. Die Farben weichen von astrologischen Zeichnungen in Ittens Tagebuch, auf denen die sechs Zacken und das Mittelfeld des Sterns von den sieben Planeten – Saturn, Mars, Venus, Mond, Sonne, Jupiter und in der Mitte Merkur – und den diesen traditionell entsprechenden Farben besetzt sind deutlich ab, so dass der Stern zunächst nur sehr allgemein mit esoterischen Ideen in Verbindung gebracht werden kann.*" Nur im Zusammenhang mit der Kreisform und den eingestellten Türmen = himmlisches Jerusalem, wären die sieben Sternformen im großen Stern mit den sieben Planeten und auch den sieben Sterne gleichzusetzen, „*die der Weltenrichter in seiner Rechten hält. Eine solche Interpretation wird von seit der Jahrhundertwende verbreiteten eschatologischen Vorstellungen gestützt, die auch in der Mazdaznan Gemeinde eine Rolle spielten.*"[21] Itten verband also auch bei den Teppichentwürfen traditionelle Motive mit seinen eigenen Symbolen zu einer persönlichen Bilderwelt.

Das Persönliche unterstrich Itten ja seit den Stuttgarter Jahren ebenfalls mit seiner Kleidung, seine Haare ließ er seit 1922 wieder wachsen. Die Fotos der Herrliberger Zeit zeigen ihn oft in dem Anzug, den er bereits zur Bauhaus-Zeit trug, daher kann man nicht von einer ‚Bauhaus-Tracht' sprechen, denn die Bauhaus-Jahre waren abgeschlossen und Itten hatte zunächst keine guten Erinnerungen an diese Zeit.

Auf einem Foto sind sehr deutlich die immer wieder beschriebenen unten engen und oben weiten Hosen zu erkennen und die mit einem breiten Gürtel gehaltenen Jacke.

[21] In: Hamm/ Würzburg/ Bern 2005/06, 84.

[22] Ebd. 144.

An den Festtagen der Mazdaznan-Gemeinschaft trug Itten weiße Gewänder, wie Mazdaznan-Regeln es vorschrieben. Eine solche Kleidung stand nur ausgewählten Personen zu: bei der Umstrukturierung im Juli 1924 war Itten in den Vorstand gewählt worden. So konnte er verstärkt zum gemeinschaftlichen Ziel beitragen: *„Realisation und Verbreitung des Erziehungs- und Lehrsystems der Mazdaznan-Lehre zwecks Höherentwicklung der Menschheit“.*[22]

Itten trug nicht nur über die Werkstätten und die Kunstschule seinen Teil dazu bei; in den über fünfzig Tage- und Notizbücher aus der Herrliberger Zeit hatte er diverse Konzepte für Vorträge zu und über Mazdaznan notiert, die er 1924 in Zürich und 1925 in Amsterdam, Rotterdam und Den Haag hielt. In den Niederlanden waren die Vorträge von *„Prof. Johannes Itten vom Bauhaus zu Weimar“* im Monatsblatt der *„Neuorganisierten Mazdaznan-Tempelgemeinschaft“* für den 2., 3. und 4. März 1925 in Amsterdam angekündigt worden. Gesprochen wurde über *„Menschheits- und Kunstentwicklung“*, *„Eheleben und Erziehung“*, *„Suggestion und Heilung“* und *„Die Kraft des Atems“*. Einen Monat später wurden die Vorträge in Rotterdam und Den Haag am 12. und 13. März gehalten.[23]

Im Juni 1925 hatte er eine Gahanbar in Paris zusammen mit einem Freund, dem Berliner Arzt Richard Samson besucht. Vermutlich führte er mit ihm bereits zu der Zeit Gespräche über seine berufliche Neuorientierung, Samson unterrichtete später an der Itten Schule in Berlin. Auch Muche wurde in diese Überlegungen: *„Aufbau einer Kunstschule“* mit einbezogen, wenngleich nur ein Antwortbrief vom September 1925 erhalten geblieben ist. Muche empfahl ihm darin Berlin als neuen Standort; am 1. Oktober verließ Itten Herrliberg und zog mit seiner Familie nach Berlin.

[23] Arian 2010, 542.

BERLIN 1925–1934

Welche Gründe Itten hatte, eine Schule zu gründen, lässt sich heute nicht mehr nachvollziehen. Ab 1924 gab es in der Aryana-Gemeinschaft in Herrliberg – die noch bis 1930 bestand – finanzielle Probleme wie auch Auseinandersetzungen auf der Leitungsebene.

Vielleicht war es auch die kommende Einschulung seines Sohnes, der 1926 sechs Jahre alt wurde und der in Berlin sicherlich besser als in Herrliberg unterrichtet werden würde. Vielleicht war es auch der im Frühjahr 1925 stattgefundene Umzug des Bauhauses, das nun, statt aufgelöst zu werden, von Weimar nach Dessau in einen funktionalen, für die Architektur wegweisenden, Neubau umzog. Auch Wagner weist 2003 – im weiteren Sinne – auf die konkurrierenden Bauten beider Schulen hin: *„Jedenfalls kann schon die von Peters* [der Bauherr] *unter maßgeblicher Beteiligung Ittens konzipierte Architektur des Neubaus der Itten-Schule als Konkurrenzentwurf zum – von Gropius gestalteten – Bauhaus in Dessau gelesen werden.“*[1] Hier bezieht Wagner sich nur auf das im Jahre 1929 modern, mit viel Glas und Fensterbändern gestaltete Gebäude, aber insgesamt gesehen – auch unter dem Blickwinkel des immer noch gespannten Verhältnis Gropius-Itten, das sich nie richtig klärte – ist der ‚Wettkampfgedanke' nicht von der Hand zu weisen.

Zunächst begann Itten mit Zeichen- und Atemkursen in den Räumen der Sturm-Galerie von Herwarth Walden an der Potsdamer Straße 134. Hier hatte er 1916 zum ersten Mal seine Gemälde gezeigt und 1921 zusammen anderen Bauhaus Meistern an einer Ausstellung teilgenommen, mit der das Bauhaus in Weimar finanziell unterstützt werden sollte. In einer weiteren Ausstellung wurden 1922 seine Bilder und Plastiken gezeigt, in der Berliner Kunstszene war Itten folglich kein Unbekannter.

[1] Christoph Wagner: Johannes Itten, Leitmotive einer Künstlerbiografie, in: Kat.-Ausst. Saarbrücken 2003, 59.

Um seinen Unterricht anzukündigen, hatte Itten Handzettel drucken lassen, die auf den Kursbeginn am 26. Januar hinwiesen. Zuvor, vom 12. bis 23. Januar, gab er in Wien eine mehrtägige Vortragsreihe mit Themen aus der Mazdaznan-Lehre. In den entsprechenden Zeitungsberichten wurde Itten als Verkünder einer „*Geheimlehre*" bezeichnet und es hieß: „*Ihn völlig zu verstehen, ist nur den Eingeweihten möglich.*"[2]

Eine Porträtaufnahme von 1925, wohl während oder für einen Vortrag angefertigt, zeigt Itten in seinem Mazdaznan-Anzug. Aber hier lässt sich jedoch schon der Wandel zum ‚Unternehmer' ablesen. Itten war zu dem Zeitpunkt 37 Jahre alt.

Auch in Berlin bot Itten im Januar 1926 „*Atemkurse mit praktischen Übungen*" aus der Mazdaznan Lehre an: „*Die rhythmischen Atemübungen des Mazdaznan Erziehungssystems. Die Entwicklung der 12 Sinne. Konzentration und Entspannung. Regulierung der Blutzirkulation und Intensivierung des Nervensystems. Die Ernährung des modernen Menschen. Kunst des Fastens.*" Denn, dass wiederholte er oft auch an anderer Stelle, nur der gesunde Körper des Menschen konnte die Grundlage für die geistige Entwicklung sein.

An erster Stelle stand der Zeichenkursus auf dem Unterrichtsplan, an sieben Tagen jeweils zwei Stunden täglich sollten naturalistische, geometrische und expressive Formstudien unterrichtet werden und als Arbeitsmaterial, das man bitte mitzubringen hatte, waren Skizzenpapier, Bleistifte und sibirische Kohle aufgeführt. Wie Eva Streit in ihrer Dissertation ausführt, war die Zeichenlehre das Fundament seiner bereits am Bauhaus praktizierten Formenlehre: „*Naturstudien dienen als imitierende Wiedergabe der Natur zur Schärfung der Wahrnehmung und Erkenntnisfähigkeit. Geometrische Formstudien beschäftigen sich mit den drei Grundformen und ihren Wirkungen, und nicht zuletzt wird zum expressiven Gestalten in Form von Bewegungs-*

[2] Streit 2015, 41.

und Empfindungsstudien angeregt.“[3] Zwei zusätzliche Übungs- und Aussprache-Abende waren ebenfalls angesetzt, sie sollten jeweils 1,5 Stunden dauern.

Das Angebot war so erfolgreich, dass Itten für die nächsten Kurse den Unterrichtsort wechseln musste, im Mai hielt er die Kurse – im Umfang erweitert – an der Brandenburger Straße 16. Nun gab es Klassenweise Unterricht für Anfänger und Fortgeschrittene, der vier Wochen dauerte. Bei der Anmeldung war das Unterrichtsgeld zu entrichten, das sich beim Klassenunterricht auf 16 Mark und bei Einzelstunden auf 20 Mark belief. (Heute wäre eine Mark ca. 4,24 Euro wert).

Das Ziel des Unterrichts war klar definiert: *„Lockerung, Stärkung und Entwicklung der körperlichen, seelischen, geistigen Kräfte und Fähigkeiten im Menschen, die individuelle Freiheit und schöpferische Arbeitsleistung ermöglichen.“* Und nur unter den *„Entspannungs- und Konzentrationsübungen“* konnte der ‚Eingeweihte‘ die Mazdaznan-Lehre erkennen.

Nicht allein mit den Handzetteln und dem mehrseitigen Faltblatt erreichte Itten die Kunstinteressenten, auf der *Ausstellung der Abstrakten. Große Berliner Kunstausstellung,* an der er mit vier Arbeiten teilnahm, schaltete er im Ausstellungsführer ein Inserat. Sein Unternehmen hatte jetzt einen Namen bekommen und hieß: *Moderne Kunstschule* und der grundlegende künstlerischer Unterricht richtete sich an *„Maler, Bildhauer, Architekten, Pädagogen, Photographen, Reklame-, Mode-, und Musterzeichner aller Art.“*[4]

Hier zeigt sich eine Änderung in Ittens pädagogischen Absichten. Im Bauhaus war es sein Ziel gewesen, *„den Menschen in seiner Ganzheit als schöpferisches Wesen aufzubauen“*. Dabei lehnte er, wie Rainer Wick es formulierte *„Gedanken der Indienstnahme des Künstlerischen für außerkünstlerische Zwecke“* eher ab.[5] Das Ziel des Unterrichts in Berlin war es nun, die schöpferischen Kräfte zu wecken und somit auch Gestalter in

[3] Ebd. 42.

[4] laut Inserat.

[5] Wick 1982, 77.

freien künstlerischen Berufen oder Berufen mit einer stark künstlerischen Komponente auszubilden. Zwar stand der Mensch weiterhin im Mittelpunkt des pädagogischen Interesses, aber der ganzheitliche Anspruch wurde ergänzt mit einer Förderung des schöpferischen Potentials im Menschen in beruflicher Hinsicht. Im Prospekt, der zum Wintersemester 1926 erschien, ist unter Anmerkungen zu lesen: *„Für besondere Berufe werden je nach Wunsch Spezialkurse eingerichtet.“*

Im Sommer 1926 begann Itten eine Kooperation: er erteilte Unterricht in Diät- und Atemlehre an der Jutta-Klamt-Schule. Diese 1919/20 gegründete Schule war ein sehr renommiertes Institut, u. a hatte die Schauspielerin und spätere NS-Filmemacherin Leni Riefenstahl dort Tanz-Unterricht genommen und auch Goebbels schickte seine Kinder zum Unterricht. Vor dem Zweiten Weltkrieg galt die Schule als eine der wichtigsten Ausbildungsstätten für modernen Tanz in Berlin. Jutta Klamt (1890–1970) war ebenso wie Johannes Itten aus der Schweiz und wohl durch die Mazdaznan-Lehre mit ihm in Kontakt gekommen.[6]

Itten bot an ihrer Schule außerdem Kurse zur *„körperlichen und geistigen Regeneration durch Belebung des Drüsensystems mit praktischen Übungen“* an, etwa ab 1927 wurden die Schüler als Hospitanten in Ittens Kunstschule geführt und erhielten dort Zeichen- und Malunterricht.[7]

Die Unterrichtsräume seiner Schule musste Itten im September 1926 an den Nollendorfplatz verlegen, auch hierzu erschien ein umfangreicher Prospekt.

Auf vier Seiten sind Ziel, Lehrstoff, Studienplan und Abendkurse vermerkt:

„I. Die Form als Bewegung, Die Gesetze der Linie, Entspannungs- und Konzentrationsübungen
II. Die Gesetze des Rhythmus,
III. Die Gesetze des Hell-Dunkels; Die Gesetze der Fläche,
IV. Die Lehre von den Kontrasten,

[6] Jutta Klamt veröffentlichte 1930 das Buch: *Vom Erleben zum Gestalten, Die Entfaltung schöpferischer Kräfte im Deutschen Menschen.* Zu einem Prospekt, der die Sommerkurse 1931 in der Berliner Schule anbot, heißt es vom Versteigerungshaus Galerie Bassenge in Berlin: *„Die ganz im Geiste des Bauhaus gestaltete seltene Originalbroschüre der Sommerkurse des ‚Organs der Jutta Klamt-Gemeinschaft e.V.‘, der Gesellschaft zur Förderung des Tanzes und der Leibesertüchtigung, die auf eine Gründung der berühmten (und zwischen 1933 und 1945 teils auch berüchtigten) Berliner Tanz-Pädagogin Jutta Klamt beruht.“* Das Ehepaar trat 1933 der NSDAP bei.

[7] Streit 2015, 71.

V. Die Gesetze der geometrischen Form,
VI. Die Gesetze der Farbe,
VII. Die Gesetze des illusionären Raumes; Die Gesetze des cubischen (dreidimensionalen) Raumes,
VIII. Die menschliche Figur,
IX. Analysen von Meisterwerken."

Der hier aufgeführte Lehrstoff blieb im Wesentlichen – mit einigen Erweiterungen bis zum Ende der Schule 1934 bestehen.

Dazu bot Itten Abendkurse an: Abendakt, Analyse von Meisterwerken und wöchentliche Vorträge, zu denen er auch auswärtige Sprecher einlud. Über die Aufnahme der Schüler entschied Itten allein, er setzte die Klassen teilweise auch nach phrenologischen Gesichtspunkten zusammen.[8]

Wieder gab es Vollschüler und Hospitanten, die in mehreren Klassen unterrichtet wurden. Itten übernahm zunächst selbst den Hauptteil des Unterrichtes und gleichzeitig bot er Kurse in weiteren Städten an wie in Hamburg im Oktober, Vorträge in Hannover im November und im Februar 1927 gab er Kurse auch wieder in Wien.

Die Öffentlichkeitsarbeit in Form der Vorträge mit Lichtbildern und Beispielen aus dem Unterricht zeigte große Wirkung, bereits ein Jahr später, zu Beginn des Wintersemesters 1927, musste die Schule erneut umziehen. Die neuen Räume lagen an der Potsdamer Straße 75 und nun konnten auch Lehrkräfte angestellt werden. Itten hatte zum Umzug und zum ‚Betrieb' der Schule die Schullizenz des Preußischen Provinzial-Schulkollegiums erhalten. Als einer der ersten Lehrer wurde der langjährige Freund Georg Muche eingestellt, der gerade das Dessauer Bauhaus verlassen hatte und 1928 Umbo (eigentlich Otto Umbehr, 1902–1980) ein ehemaliger Bauhausschüler Ittens, der heute neben László Moholy-Nagy als der bedeutendste Fotograf des Bauhauses gilt.

Wieder erschien ein neuer – jetzt fünfseitiger – Pro-

[8] Phrenologie von Franz Josef Gall zu Beginn des 19. Jahrhunderts begründete Lehre, nach der die psychischen Eigenschaften und der Charakter des Menschen an der Form des Schädels erkennbar sein sollen.

spekt, auf dem sehr groß der Name *„Johannes Itten“* und darunter weitaus kleiner *„Moderne Kunstschule“* gesetzt war. Neu war auch ein Logo auf der Außenseite, dass Eva Streit mit Ittens Studien zu Bauhüttenzeichen in Verbindung bringt und erklärt: *„In Anlehnung an die alchemistischen Zeichen der beiden Urprinzipien Sulphur und Mercurius wird eine Vereinigung dualistischer Prinzipien versinnbildlicht, die, umgeben von einem abstrahierten Schlangenring der Ewigkeit und einem zwölfteiligen Strahlenkranz des Zodiakus und in Verbindung mit abstrakten Elementarformen der vier Elemente, eine Mikro-/Makrokosmos-Konstellation referieren.“*[9] Alle weiteren Prospekte trugen dieses Logo nicht.

Die im Frühjahr 1928 gezeigte Ausstellung *Foto-Malerei-Architektur* umfasste laut der Einladung: *„Fotos von Renger-Patzsch, Umbo, Moholy-Nagy, Erell, Nolte und Peterhans. Zeichnungen und Bilder von Otto Meyer-Amden, Werke von Picasso, Chagall, Kandinsky, Klee und Severini, Plastiken von Mataré und der Wettbewerbsentwurf von Hannes Meyer und Hans Wittwer für das Völkerbundgebäude in Genf und Entwürfe zur Peterschule in Basel.“*

Die Ausstellung wurde in der Presse und Fachkreisen hoch gelobt und reihte sich in die Diskussion um Malerei und Fotografie der 1920er Jahre ein. Besonders die Fülle der ausgestellten Fotografien zeigte die Bandbreite des neuen Mediums, von künstlerisch-ästhetisch über Makro- und Mikroaufnahmen bis hin zu Sachaufnahmen von Gegenständen und Architektur.

In seinem Unterricht machte Itten 1928 die Entdeckung der *„subjektiven Farben“*. Als er einer Klasse die Aufgabe gab, harmonische Farbakkorde zu malen, verbreitete sich nach kurzer Zeit große Unruhe. Die Schüler antworteten auf Nachfrage, dass sie die diktierten Akkorde als unharmonisch empfänden und Itten antwortete: *„Gut, dann soll jeder solche Akkorde malen, die er als harmonisch und angenehm empfindet.“* Es zeigte

[9] Ebd. 45.

sich, dass jeder eine andere Vorstellung von Farbharmonie hatte und, dass es dazu *„eine merkwürdige Übereinstimmung des farbigen Gesichtsausdruckes mit den entsprechenden Farbakkorden“* gab.[10] In der Weiterentwicklung – nur teilweise durch Itten – wurde daraus später eine typengerechte Farblehre, die in der Mode- und Kosmetik-Beratung als *„colour me beautiful“* bekannt wurde.

Ab 1928 hatte es Überlegungen zu einem eigenen Schulgebäude gegeben. Der befreundete Bauunternehmer Wilhelm Peters, dessen Kinder am Unterricht Ittens teilnahmen, stellte sich als Finanzier und Bauherr zur Verfügung und so wurde an der Konstanzer Straße 16 ein fünfgeschossiger moderner Neubau errichtet. Am 1. Dezember 1929 war die feierliche Eröffnung, der Bau wurde in der Presse *„als ein gutes Beispiel moderner Architektur“* genannt und trug deutlich sichtbar den Namen *„Itten Schule“* auf der Fassade.

Itten mietete die drei obersten von insgesamt fünf Etagen, in ihnen waren Verwaltung, Schul- und Atelierräume untergebracht. In den Ateliers konnten Schüler, aber auch Lehrer wohnen. Das waren die Lehrer Georg Muche, später auch Gyula Pap, der ab 1927 unterrichtete und Max Bronstein (nach seiner Emigration nach Israel: Mordecai Ardon), wie Pap auch ein ehemaliger Weimarer Bauhausschüler, der an der Ittenschule von 1928 bis 1933 tätig war. Auf der Dachterrasse fanden die Morgenübungen statt. *„Der Arbeitstag des Itten-Schülers begann mit Atem-, Entspannungs- und Konzentrationsübungen. Tonbildungs- und Vokalversuchen.“*, hielt Maximilian Debus (1904–1981) später fest. Er war 1928 als Schüler an die Itten-Schule gekommen, von 1929 bis 1934 arbeitete er dort als Lehrer.[11]

Am 3. Dezember notierte Itten in seinem Berliner Tagebuch: *„Hier im neuen Haus beginne ich dies neue Tagebuch in der Hoffnung, daß immerfort Neues mir*

[10] Christoph Wagner, in: Saarbrücken 2003, 63.

[11] Magdalena Droste, in: Baden 1984, 25.

zukomme, der Geist des Fortschritts uns inspiriere und durch die innere Berufung die jungen Menschen zu ihrem Berufe geführt werden können, allen zur Freude, allen zum Erfolg, und daß dem Wirken des guten Gedanken ein Denkmal gesetzt werde."[12]

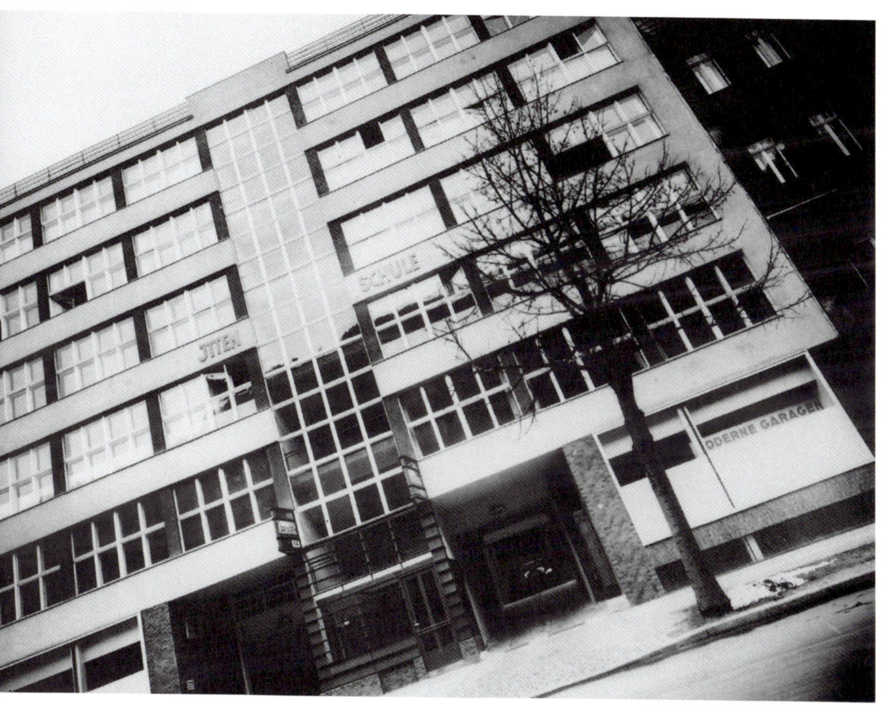

Das Gebäudes der Itten-Schule in Berlin, Fotografie von Wilhelm Peters

Zu Beginn der Berliner Jahre hatte Itten neue Tagebücher angelegt, in denen er ab Oktober 1928 seine Lehre notieren und strukturieren wollte. Es sollten „*sieben Bücher der Gestaltung*" mit weiteren Unterkapiteln werden, das Vorhaben wurde nicht realisiert, die Seiten blieben leer. Dafür erschien 1930 das sogenannte *Tagebuch*, im Untertitel *Beiträge zu einem Kontrapunkt der bildenden Kunst* genannt, eine handschriftliche Aufzeichnung seiner Lehre mit eingeklebten Zeichnungen in einem übergroßen Querformat. Die dreißig Luxus-

[12] Berliner Tagebuch, 201, Itten Stiftung Bern.

und dreihundert gewöhnlichen Ausgaben wurden über den schuleigenen Verlag (Verlag der Itten-Schule) vertrieben. Die faksimileartige Hektografie, eine mit der Hand geschriebenen Matrize (handgebunden von einem Buchbinder), wurde bis etwa 1933 verkauft; die restlichen Bögen fanden sich 1962 in Berlin wieder und wurden 1980 in Form einer Studienausgabe herausgegeben.[13]

Der Sommer 1930 war ein arbeitsreicher Sommer für Itten, denn neben dem *Tagebuch,* veröffentlichte er einen umfangreichen Aufsatz *Pädagogische Fragmente einer Formenlehre, aus dem Unterricht der Itten-Schule* in *Die Form.*[14] Er brachte Beispiele aus seinem Unterricht, u.a. mit Kindern, und erläutert seine Lehre: *„Ich bin mir durchaus bewußt, daß durch meine dreifache Gliederung des Unterrichts: materiell impressives Studium (Sinnesschulung besonders durch Materialstudien), spirituell expressives Studium (Ausdrucksstudien und freie Empfindungsformen), intellektuell konstruktives Studium (Raumstudien und im Wesentlichen das Durcharbeiten aller Kontraste und ihrer Kombinationen, Varianten) das Problem der Erziehung noch nicht seinen ganzen Umfang nach zur Lösung gebracht ist.“*[15] Etliche Schülerarbeiten aus dem Unterricht illustrierten den Aufsatz.

Auch im Ausland war man auf die Itten-Schule aufmerksam geworden, die *Züricher Illustrierte* informierte ihre Leser in einem ganzseitigen Bericht über die Kunstschule von Johannes Itten: *„eine schweizerische kunstschule in berlin“.* Überschrift und Einleitungstext sind durchweg kleingeschrieben, eine Maßnahme, die 1926 am Dessauer Bauhaus eingeführt wurde. Im Text wird Itten als Lehrer des *„Dessauer“* Bauhauses vorgestellt, was bei der Archivierung – wohl von ihm selbst – durchgestrichen und mit *„Weimar“* ersetzt wurde.[16]

Ein weiterer Artikel von Itten zum Thema ‚Kunstunterricht‘ veröffentlichte 1931 *Das neue Frankfurt,* eine internationale Monatsschrift für die Probleme kultureller Neugestaltung.[17]

[13] Magdalena Droste, in: Baden 1984, 11.

[14] Die Form, Zeitschrift für gestaltende Arbeit, Berlin, 5 Jh., Heft 6, 15. März 1930, 141–161.

[15] Text bei Rotzler 1978, 232–234, Schreibweise nach Vorlage.

[16] Bern 2002, Abb. 27.

[17] Heft 5, 6. Juni 1931, 106–108, Text abgedruckt bei Rotzler 1978, 234–238.

Der Unterricht folgte im Wesentlichen dem bereits genannten Lehrplan von 1926, Itten gliederte ihn jedoch neu und ergänzte einige Fächer: „*A: Malen, Zeichnen, Modellieren als Grundlehre, B: Architektur, C: Foto, D: Reklame, E: Mode, F: Schrift und G: ergänzende Lehrgebiete.*“ Hier wurden Anatomie – wohl von Dr. Richard Samson –, Aktzeichnen, Kinderkurse, Vorträge, Entspannungs- und Konzentrationsübungen, die mit Atemkursen und pädagogisch-philosophischen Kursen ergänzt waren, sowie Ausstellungen, öffentlichen Veranstaltungen und Führungen (in Museen und Ausstellungen) angeboten. Mit den jährlich stattfindenden Ausstellungen von kommentierten Schülerarbeiten griff Itten auf ein schon in Wien bewährtes Konzept zurück. Die Ausstellungen spornten die Schüler an und waren eine gute Werbung für seinen Unterricht. Es war ausdrücklich in den Prospekten vermerkt: „*Die Leitung der Schule behält sich vor, Arbeiten, die in der Schule entstehen, zu Ausstellungszwecken usf. zurückzubehalten. Ebenso hat die Schule das Veröffentlichungsrecht*“.[18] Ab 1931 wurden diese Ausstellungen, ergänzt mit eigenen Werken Ittens, deutschlandweit gezeigt u.a. in Lübeck, Hamburg, Danzig, Krefeld, Königsberg und in Zürich. Durch die Vermittlung von zwei japanischen Schülerinnen fand außerdem in Tokio 1933 in der Privatschule Jiyu Gakuen eine Ausstellung der Itten-Schule statt.

Über die Aufnahme entschied neben dem Leiter, also Itten selbst, nun auch der entsprechende Lehrer, der eine Abteilung führte. Es gab mehrere Abteilungen, Architektur: geleitet von Fred Forbat (1897–1972), er gilt als bedeutendster Vertreter des Neuen Bauens; Fotografie von Umbo (Otto Umbehr) bis 1930, dann von Lucia Moholy bis zu ihrer Emigration 1933; Grafik von Maximilian Debus von 1929 bis 1934. Dazu wurden auch weitere ‚Klassen‘ angeboten wie Reklamegestaltung und Schrift, die aber im Laufe der Jahre zusam-

[18] Bern 2002, 25.

mengelegt oder geschlossen wurden. Zu den Lehrbeauftragten ab 1929 gehörte Hanns Hoffmann-Lederer, den Itten zusammen mit seiner Freundin Mila Lederer 1925 nach Herrliberg geholt hatte.

Der Eintritt in die Schule war für alle ohne Aufnahmeprüfung offen, angenommen wurden Personen allen Alters und so bot Itten auch Kinderkurse an. Die praktische Ausbildung hatten die Schüler durch Volontariate selbst zu organisieren, denn es gab an der Kunstschule keine Werkstätten. Zeitweise besuchten über einhundert Schüler die Itten-Schule, einige der Schüler, wie Boris Kleint (1903–1996, promovierter Psychologe) und Maximilian Debus wurden später Professoren an Hochschulen und trugen die Lehre Ittens weiter.

Seit 1928 wurde an der Schule in einzelnen Kursen Tuschmalen unterrichtet, ab 1930 wurde die Tuschmalerei der Grundlehre zugeordnet. In der japanischen Botschaft in Berlin lernte Itten den berühmten japanischen Maler Takehisa Yumeij (1884–1934) bei einer Tuschzeichenvorführung kennen und lud ihn an seine Schule ein, doch Yumeij blieb nur von Februar bis Juni 1933, bevor er wieder nach Japan zurückkehrte. In der Schule waren von 1931–32 zwei Japanerinnen eingeschrieben, durch sie wurde Ittens Lehre nach Japan getragen, die die beiden als Lehrerinnen an der Privatschule Jiyu Gakuen weitergaben. Hier wurde auch die Ausstellung aus der Itten Schule 1933 gezeigt.

Itten selbst ließ sich ebenfalls von der japanischen Tuschmalerei inspirieren. Schon immer hatte er eine Affinität zur ostasiatischen Malerei, wie seine Tagebücher zeigen. Eines seiner Bilder *Der Berg,* wird von den Kunsthistorikern dazu in Bezug gesetzt. In den Berliner Jahren entstand eine Reihe von Zeichnungen, die mit wenigen Strichen das Wesentliche einfangen, wie der *Hahn*. In seinen Züricher Jahren verfasste er einen Aufsatz *Ostasiatische Tuschemalerei* und griff nach seiner Pensionierung erneut die Tuschmalerei auf.

In den Berliner Jahren entwarf Itten zusammen mit seiner Schülerin Hannah Müller zwei Verkaufseinrichtungen, den Stoff-Vorführungsraum Toga und das Schokoladen-Geschäft der Firma Hamann, beide in Berlin. Daneben machte er Entwürfe für private Wohnungseinrichtungen und plante einzelne Möbelstücke.[19] Das wichtigste Möbelstück war der Itten-Hocker, der in jedem Unterrichtsraum zu finden war, in Berlin, Krefeld und später in Zürich. Aus Sperrholz gefertigt, mit unterschiedlichen Seitenlängen diente er als Sitz oder als Tisch und mit zwei Griffschlitzen versehen, ließ er sich leicht umstellen.

Mit der Gründung der *Höheren Preußischen Fachschule für textile Flächenkunst* in Krefeld 1932 erweiterte sich das Aufgabenfeld Ittens. In Krefeld wie in Berlin erteilte er wochenweise Unterricht, den bei seiner Abwesenheit Assistenten übernahmen. In Berlin wurde eine textile Klasse eingerichtet und den Schülern die Möglichkeit geboten, in Krefeld eine berufliche Ausbildung abzuschließen. Wie Streit es ausdrückt: *„Krefeld kann daher im Sinne einer Expansion und als zweiter Standort für Ittens Ausbildungskonzept angesehen werden."*[20]

Seit der Ernennung Hitlers zum Reichskanzler, 1933, wehte politisch zunehmend ein schärferer Wind. Mit dem Gesetz zur Wiederherstellung des Berufsbeamtentums entfernten die Nationalsozialisten jüdische und politisch missliebige Personen aus den Ämtern. Eine Gleichschaltung des öffentlichen Dienstes folgte. Jüdische Studenten durften nur noch begrenzt aufgenommen werden, maximal 1,5 Prozent. Immer mehr Schüler verließen daraufhin die Schule und auch Berlin, ihre Arbeiten blieben oftmals in der Schule zurück. Als dann noch das generelle Verbot von Privatschulen hinzukam, gingen auch die Lehrer, im April 1934 schloss die Itten-Schule.

[19] Streit 2015, 205.

[20] Ebd. 92.

KREFELD 1932–1938

Mit Johannes Itten berief die Stadt Krefeld einen renommierten Künstler und anerkannten Pädagogen, der auf eine langjährige und erfolgreiche Praxis zurückblicken konnte. Seit langem war in Krefeld die Gründung einer Spezialfachschule geplant, vor allem, da man sich durch die Musterung der Stoffe eine Qualitätssteigerung erhoffte und infolgedessen mehr Absatz. Deutschland war ein Hochpreisland, das heißt, die Herstellungskosten lagen aufgrund der hohen Löhne und Transportkosten weit über dem Weltniveau. Die Musterung war somit die einzige Gelegenheit -neben der Qualität (die in Krefeld immer gut war) - neue Kunden zu gewinnen.[1]

Wer oder wodurch man in Krefeld auf Johannes Itten aufmerksam wurde, ist nicht genau überliefert. Einerseits heißt es, dass Lilo Lange, die Tochter Hermann Langes (1874–1942, Gründer der Verseidag in Krefeld und des Verbandes Deutscher Seidenwebereien, dem Dachverband der deutschen Seidenfabrikanten) an der Berliner Ittenschule eingeschrieben war und ihren Vater auf ihn aufmerksam machte, andererseits seien es Ittens Aufsätze in den Zeitschriften *Die Form* und *Das neue Frankfurt* sowie sein 1930 veröffentlichtes *Tagebuch, Beiträge zu einem Kontrapunkt der bildenden Kunst* gewesen.

Nahezu zwei Jahre dauerten die Verhandlungen, bis am 1. Januar 1932 die *Höhere Fachschule für textile Flächenkunst* offiziell eröffnet wurde und der Unterricht am 12. Januar begann. Es war eine konzertierte Aktion „gewesen": Die Stadt stellte Räume in der Höheren Preußischen Fachschule für Textilindustrie zur Verfügung und finanzierte mit staatlicher Unterstützung Ittens Gehalt, zu dem der Verband der deutschen Seidenwebereien zusätzlich einen Beitrag zahlte. Eine Probezeit von zwei Jahren war vereinbart worden und die

[1] Bereits im 19. Jahrhundert hatte es in Krefeld, wo seit dem 17. Jahrhundert Seide verarbeitet wurde, erste Überlegungen zur Ausbildung für alle in diesem Bereich Tätigen gegeben; nach der Einrichtung einer privaten Webschule und kleineren Vorläufern (1853) gründete die Stadt 1881 eine „*die ganze Weberei umfassende Fachschule*", in der neben Websaal, einer Färbe- und Appreturschule auch zwei Zeichensäle eingebunden waren.

rechtlichen Probleme, die sich aus der Anstellung eines Schweizer Staatsbürgers ergeben könnten, waren von juristischer Seite geklärt worden. Zuvor, 1931, hatte Itten sich und seine Arbeiten aus der Berliner Schule in einer Ausstellung vorgestellt.[2]

Die Verhandlungen zur neuen Schule hatten in der Fachschule für Textilindustrie Unmut erweckt, der auch in die Öffentlichkeit getragen wurde. Umfangreiche Presseartikel waren die Folge.[3] Besonders zwei Lehrer, Richard Zimmermann (1881–1956) und Ernst Rank (1898–1960) wehrten sich gegen ihre Übernahme in die neue Schule, sie wehrten sich ebenso gegen die vermeintliche Disqualifizierung ihres Unterrichts, der im traditionellen, akademisch geprägten Stil war und somit im deutlichen Gegensatz zu Ittens Methode stand. Itten unterrichtete kurz nach der Schuleröffnung die Klasse von Richard Zimmermann und lehnte dies nach kurzer Zeit ab: *„denn unsere Unterrichtsweise ist zu verschieden."*[4] Die Schüler traten ‚bohemienhaft' auf und ahmten, so die Ittenschüler später, darin ihren Lehrer Zimmermann nach. Itten dagegen achtete streng auf Ordnung, schloss beispielweise nach Unterrichtsbeginn die Klassentür ab und sah selbst, wie eine Schülerin schrieb, eher wie ein Bankier und nicht wie ein Künstler aus. Sie beschrieb ihn als *„gutaussehend"* und *„schlank, dunkler Anzug, Schirm und Melone. Sein schmales Gesicht sah sehr ernst aus"* und er trug eine *„feine, randlose Brille"*. Itten war zu dem Zeitpunkt 44 Jahre alt und ein erfolgreicher Unternehmer.

Die Schule bereitete ausschließlich auf die Berufe in der Seidenindustrie vor; ein Novum für Itten, denn während seiner Bauhaus-Zeit hatte er eine berufsgebundene Ausbildung stets abgelehnt. Aber bereits in der Berliner Itten Schule gab es neben einer weit gefassten künstlerischen Grundlagenvermittlung auch das Angebot, sich zum *„Modellschneider"* und *„Reklamefachmann"* ausbilden zu lassen.

[2] Es waren die Wanderausstellung der Berliner Schule und Arbeiten von Johannes Itten, die ab 1931/32 in Lübeck, Hamburg, Danzig, Krefeld, Königsberg, Berlin und Zürich gezeigt wurde.

[3] Thönnissen 1992, 38 ff.

[4] Krefelder Stadtarchiv, Bestand P, 4485, Bl. 226.

„Vollständige künstlerische, geschmackliche und technische Ausbildung für Stoff- und Druck-Entwerfer, Ausmusterer, Verkäufer, Atelier- und Betriebsleiter: Mode", so steht es im Prospekt der Krefelder Schule, der in Arbeitsämtern verteilt wurde. Unter I. waren folgende Berufsgruppen aufgeführt: *„Musterzeichner, Druckzeichner, Entwerfer, Coloristen, Ausmusterer, Verkäufer, Atelier- und Betriebsleiter"*.

Der grundsätzliche Anspruch der Ittenschen Pädagogik bestand weiter, in einem Text über die Krefelder Schule schrieb Itten 1932: *„bei der Unterrichtsdarbietung und der Lehrweise wird der schöpferische Mensch mit allen Anlagen und Befähigungen als Ganzes im Mittelpunkt sowohl des Unterrichtes als der Erziehung stehen."*[5]

Jedoch war der Unterricht in Krefeld viel stärker auf einen Beruf ausgerichtet, da Werkstätten angeschlossen waren, in denen die Schüler ihre Entwürfe direkt umsetzen konnten. Anhand der Unterlagen in Form von Zeichnungen, Mitschriften und Arbeitsproben ergibt sich das umfassende Bild eines Unterrichts in Theorie und Praxis mit deutlichem Schwerpunkt auf der künstlerischen Ausbildung. Itten blieb im Wesentlichen bei seinem erprobten Unterricht, der sich flexibel den speziellen Bedürfnissen anpassen ließ: das Studium der Natur, Form- und Farblehre, Proportionen und Kontraste. Die zweijährige (vier Semester dauernde) Ausbildung zum Musterzeichner und Koloristen umfasste 40 Semesterwochenstunden, die anschließende einjährige Ausbildung zum Atelier- und Betriebsleiter 42 Wochenstunden.[6]

Man konnte die Schule ohne Aufnahmeprüfung besuchen, so saßen Schulabgänger mit bereits Berufstätigen zusammen. Von jedem Schüler wurde eine Porträtaufnahme zusammen mit Adresse und Geburtstag in ein Schüler-Buch eingeklebt. Und auch hier behielt Itten Schülerarbeiten zurück, die auf Ausstellungen der Schule gezeigt wurden.

[5] Rotzler 1978, 238.

[6] Prospekt der Schule, Deutsches Textilmuseum Krefeld.

Naturstudium, Form- und Farblehre nahmen im Unterricht einen breiten Raum ein, wobei das Naturstudium Grundlagencharakter hatte. Es schulte Auge und Hand, an ihm ließen sich Proportion und Komposition lernen, Kontraste erarbeiten und Formgestaltung üben. Die Schüler wurden auch über das Studium der Natur zu den Gesetzen von Form und Farbe geführt.

In Krefeld erfuhr Ittens Farblehre Vertiefung und Erweiterung, denn für die angehenden Textilmusterentwerfer war eine umfassende Kenntnis der Farben und ihrer Gesetzmäßigkeiten eine wichtige Grundlage der Ausbildung. Beim Ausmischen der Farben für die Farbkarten, mit denen die modischen farblichen Nuancen der Stoffmuster für die kommende Saison festgelegt wurden, beim Kolorieren der Muster und auch für die Färber waren und sind Farbharmonien und Farbkontraste unentbehrliches Basiswissen.

Ebenso gehörten Formstudien zu den Grundlagen des Unterrichts. Die Wichtigkeit lässt sich auch an der Semesterwochenstundenzahl ablesen, die im ersten Semester sechs Stunden betrug. Das erste Semester begann mit umfangreichen Linienstudien, zum Beispiel Linien, die nebeneinander gesetzt wurden und in Abstand und Linienstärke differierten. Daraus lassen sich nicht nur Linienmuster sondern auch Karomuster entwickeln.

Fotografie war ein neuer Bereich, den Itten bereits in Berlin in den Lehrplan mit Otto Umbehr bis 1930 und Lucia Moholy-Nagy ab 1930 bis 1933 aufgenommen hatte. Während es in Berlin um Anleitung zur ästhetischen Praxis ging, wurde die Fotografie in Krefeld als Hilfsmittel zur Musterfindung benutzt. *„Man kann diese Photo-Formstudien als Vorlagen und Gedächtnishilfen für zeichnerische Entwürfe auswerten oder – und diese letzte Möglichkeit interessiert mich besonders – man kann durch Montieren – Zusammensetzen – einzelner, besonders interessanter Ausschnitte aus den Aufnahmen direkt neue Musterungen erzielen.“*[7] Und wenn man

[7] zit. n. Rotzler 1978, 240.

nun mit Transparentpapier die Hell-Dunkel-Kontraste einer Fotomontage abnimmt und diese farbig – in Kolorits – umsetzt, sind die Mustermöglichkeiten schier unendlich.

Ludwig Baumann brachte es mit seinem Kuhmuster zur Artikelüberschrift in der *Kölner Illustrierte Zeitung* am 14. März 1937: *Eine Kuh – 100 Stoffmuster.*

Auch Anneliese Schlösser, in Krefeld Schülerin von Itten und spätere Assistentin (ab 1939 seine Ehefrau), arbeitete mit diesem Verfahren; in Krefeld entstanden mehrere Stoffe wie *Tennisschläger* und *Räder.* Bei dem Muster *Räder* hatte sie das Foto eines Autokotflügels mit Rad in eine einfache Reihung gesetzt und aus diesem Motiv heraus den Entwurf erarbeitet. Der fertige Stoff zeigt in einem Querrechteck zwei gegenüber gesetzte Räder auf einem mit Linien strukturierten Fond. Die querrechteckigen Felder sind jeweils durch ein dunkel gemustertes Quadrat voneinander getrennt und die gesamte Reihe zur nächstfolgenden im Halbversatz angeordnet.

Insgesamt gesehen war Ittens Lehrplan eine Abkehr von der traditionellen textilen Ausbildung. Besonders in Krefeld stand er im starken Gegensatz zu der damaligen Praxis, die sich in erster Linie aus Abzeichnung, Vergrößerung und Verkleinerung bereits vorhandener Muster erschöpfte. Musterversatzstücke aus verschiedenen Jahrhunderten wurden miteinander kombiniert und die Farbigkeit dem jeweiligem Zeitgeschmack angepasst.[8] Itten dagegen vermittelte in seinem Unterricht die Fähigkeit des eigenständigen Entwerfens, teilweise sogar unter Zuhilfenahme von ungewöhnlichen Mitteln wie Korken, Zahnbürste und Kaffeesieb, was an den späteren Arbeitsplätzen oft zu Missstimmung der Arbeitskollegen führte; Schüler erzählten, dass sie in einer Stunde manchmal bis zu 15 Entwürfe machten, während die Kollegen gerade zwei fertigstellen konnten.

[8] Bereits ein Jahr vor der Schulgründung hatte die Stadt Krefeld die fast 4.000 Stück umfassende Textilsammlung des Bildhauers Krauth aus Mannheim gekauft, die als Vorlagensammlung den Schülern im Musterzeichenunterricht diente. Erinnert sei auch an die Initiative von Friedrich Deneken (1857–1927), Leiter des Kaiser-Wilhelm-Museums, der bereits um 1900 mehrere Künstler, u. a. Henry van de Velde, Richard Riemerschmid und Peter Behrens nach Krefeld zu einer Ausstellung holte und ihnen Kontakte zu Krefelder Seidenfabrikanten vermittelte. Die Textilien sind heute im Deutschem Textilmuseum, Krefeld.

Es wurde auch nach neuen Wegen in der Musterfindung gesucht, Itten leitete aus seiner *Form- und Farblehre* Aufgaben ab, die zunächst auf Papier und später mit und auf dem textilen Material gelöst wurde. Kontraste und Farbabstufungen wurden in Bändern gezeichnet und in Streifenmuster umgesetzt. Er nahm auch heutige Computerarbeit vorweg: mithilfe von durchsichtigen farbigen Kunststofffolien ließen sich durch Übereinanderlegen und Wegnehmen unterschiedliche farbige Effekte erzeugen, die mittlerweile durch Computersimulation erzeugt werden.

Ebenso wie man in der Mustererstellung nach neuen Wegen suchte, experimentierte man im Druckverfahren. Neue Techniken wie Spritzdruck und irisierender Verlauf der Farben wurden eingesetzt, Muster in matt auf glänzenden Stoffgrund gesetzt und umgekehrt.

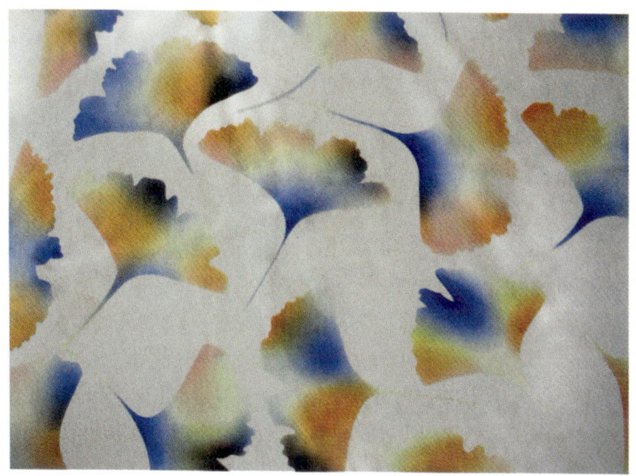

Seidenes Halstuch mit Gingkoblatt-Motiv, Neudruck 1992, nach Entwürfen von Heinz Trökes aus dem Unterricht 1936

Neben Lack und Gold brachte man die Stoffmuster durch Aufdruck von Leuchtfarbe zum ‚Leuchten'. Im Webatelier ließ Itten die Garne ohne vorherigen Entwurf verarbeiten. Gewebe-‚Skizzen' entstanden so, die sich durch haptische und ungewöhnliche optische Effekte auszeichneten.

Regelmäßig veranstaltete Itten, wie auch an der Berliner Schule, Ausstellungen, in denen die Ergebnisse des Unterrichtes öffentlich gezeigt wurden. Zwei Jahre später, im Januar und Februar 1934 zeigte Itten im Websaal an der damaligen Malmedystraße (heute Lewerentzstraße), Schülerarbeiten, die teilweise auch Eingang in die im gleichen Jahr veranstaltete Werkbundausstellung im Kaiser-Wilhelm-Museum fanden.[9]

Im März/April 1937 nahm die Schule ebenfalls an der großen Reichs-Textilausstellung in Berlin teil, die geplante Teilnahme an einer Gesamtausstellung der Höheren Textilfachschulen in Deutschland kam dagegen nicht mehr zustande. In einer Ansprache teilte Itten den Schülern Ende November 1937 die Auflösung der Flächenkunstschule mit, verbunden mit der Hoffnung eine neue Schule an anderer Stelle wieder aufzubauen.

In den Krefelder Jahren entstanden nur wenige Gemälde, aber viele Zeichnungen und Aquarelle, was sich mit dem hohen Arbeitspensum in den beiden Schulen erklären lässt. Bei Aquarellen und Zeichnungen braucht man keine aufwendigen Arbeitsvorbereitungen. Einige Zeichnungen sind Porträtstudien, andere zeigen Blumen, Bäume und Landschaften.

Die Schule bestand knapp sechs Jahre; Itten wohnte, nach der politisch bedingten Schließung der Berliner Schule, seit Anfang 1935 zusammen mit seiner Familie an der Steinstraße 159 in Krefeld.[10] Er engagierte sich für die Flächenkunstschule, die über 90 Absolventen hatte, kümmerte sich während der Ausbildung um die finanziell schlechter gestellten Schüler, vermittelte sie später an geeignete Firmen und hielt jahrelang Kontakt zu den Ehemaligen, wie zum Beispiel zu Josef Hansen und Heinz Trökes. War er zunächst nur jeweils wöchentlich im Wechsel mit Berlin in Krefeld (was durch den damaligen Krefelder Flughafen mit seiner täglichen Verbindung zur Hauptstadt einfach zu bewerkstelligen war), widmete er sich ab 1935 ganz der Flächenkunstschule.

[9] Kaiser-Wilhelm-Museum, Krefeld, Juni–August 1934, Ausstellung des Deutschen Werkbundes unter der Beteiligung der Samt- und Seidenindustrie.

[10] StA KR Einwohnermeldekartei, hier ist der Zuzug seiner Frau am 22. Januar 1935 gemeldet.

Um die einzelnen Vorgänge in der Textilwarenproduktion zu verstehen, hatte sich Itten die notwendigen Grundlagen angeeignet. Er nahm Privatunterricht bei Karl Lohrengel, einem Angestellten der Vereinigten Seidenwebereien AG in Krefeld (Verseidag), ein Zusammenschluss von Seidenwebereien in und um Krefeld ab 1920 in Musterausnehmen, Bindungslehre und Patronieren. Ittens Bindungslehre, ein dickes Heft mit Aufzeichnungen über die technischen Vorgänge, zeugt von der Akribie, mit der Itten vorging. Ebenso fand sich im Nachlass ein Musterbuch, in dem Proben von einzelnen Stoffarten eingeklebt und daneben ihre Bezeichnungen und Eigenschaften sorgfältig festgehalten sind. Aus der Krefelder Zeit stammen von Itten selbst einige Stoffe, zwei Druckstoffe, einer davon in drei Farbstellungen und ein Samt.

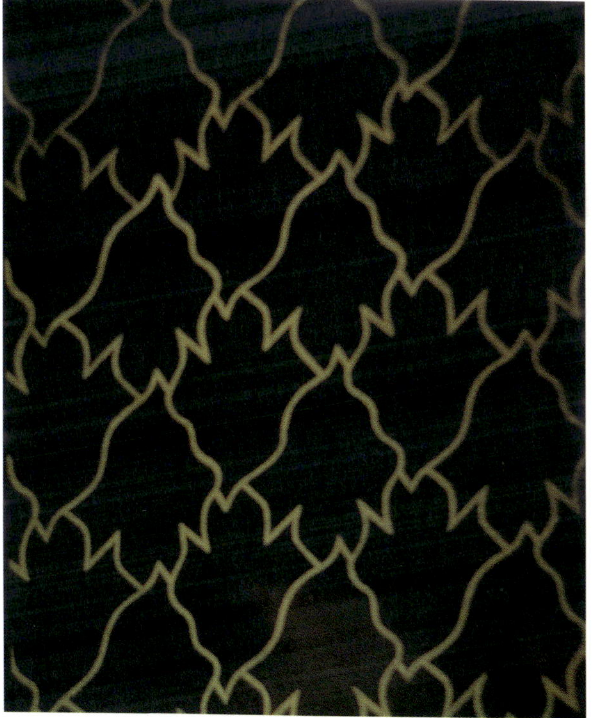

Stoff mit Tulpenmotiv von Johannes Itten, um 1935, Golddruck auf schwarzem Satin

Dazu hielt er Vorträge für die Seidenindustriellen und unterrichtete in Abendkursen die Angestellten der Firmen des Seidenverbandes. Daneben äußerte er sich in Aufsätzen wie *Die Bedeutung der geschmacklichen Ausbildung für Drucker und Färber* für die *Festschrift zum 50. Bestehen der Fachschule für Textilindustrie* und *Qualität* in *Die Kunstseide.*[11]

Da die Schule zu Beginn nur probeweise auf zwei Jahre konzipiert war, mussten immer wieder Verhandlungen über den Weiterbestand geführt werden. Nicht nur finanzielle Argumente wurden angeführt, aus Sparsamkeitsgründen sollten die Schulen von einem Direktor geleitet werden. Man legte Itten ebenso nahe in den *„Kampfbund für deutsche Kultur"* einzutreten und auch die obligatorischen Fragen nach Abstammung hatten er und seine Frau beantworten müssen. Itten war mit einem Privatdienstvertrag beschäftigt, deshalb war er nicht automatisch eingebürgert worden. Aber Schwierigkeiten wegen seiner Schweizer Staatsbürgerschaft bestanden nicht, das hatte die Stadt Krefeld juristisch abklären lassen und Itten hatte im September 1934 den Diensteid auf Adolf Hitler geleistet.[12] Im Dezember 1934 ging die Höhere Fachschule für Textilindustrie in städtischen Besitz über, und mit ihr wurde das gesamte Personal verbeamtet, außer den Angestellten der Flächenkunstschule. Itten sollte weiterhin einen Privatdienstvertrag bekommen, entsprechende Vertragsentwürfe wurden an den Regierungspräsidenten geschickt. In einer Notiz vom Oktober 1935 wurde festgehalten, dass Itten darauf nicht eingehen wolle. *„Er habe es auf eine beamtete Stellung abgesehen. Falls er nur einen Privatdienstvertrag angeboten erhalten bekäme, würde er überlegen, ob er nicht bei der Textilfachschule ausscheiden müßte."*[13]

So entwarf Itten 1936 den Plan einer *„Deutschen Akademie für die gesamte Textil- und Modeindustrie"*; nur so sei eine fundierte Ausbildung gewährleistet und

[11] Die Kunstseide, Monatshefte für Seide und Kunstseide, 226–228.

[12] Auch seine Bauhaus Vergangenheit und die beiden Zeichnungen, die auf der *„Entarteten Ausstellung"* 1937 in München gezeigt wurden, wiegelten die Krefelder Behörden als unbedeutend ab.

[13] zit. n. Thönnissen 1992, 54.

damit die Unabhängigkeit von der französischen Mode möglich.[14] Dieses Manuskript schickte er an Hermann Lange und auch im April 1937 an Hermann Göring, der ihn an das Wirtschaftsministerium weiterleitete. Itten hatte Göring auf der Berliner Reichs-Textilausstellung kennenlernt und ihn und seine Frau durch die Flächenkunstschulausstellung geführt. Görings Frau Emmy bekam einen Stoff mit Fingerabdruckmuster geschenkt aus dem sie sich ein Kleid nähen ließ. Sie trug es bei der Taufe ihrer Tochter.

In dem Text *Stoffkultur und Geschmacksbildung*, der im Katalog zur Ausstellung abgedruckt wurde, äußerte Itten sich im Sinne der Rassenpolitik der Nationalsozialisten, wenngleich seine Gedanken auf der Mazdaznan-Lehre beruhten. *„Ich meine, daß nur derjenige menschliche Körper als kultiviert gelten darf, dessen Systeme – Muskeln, Blutlauf, Nerven, Drüsen, Atmungs-, Verdauungs-, und Zeugungssysteme in denkbar vollendeter Zusammenwirkung ein Ausdruck geistig geschauter Vollkommenheit geworden sind. […] Der schöpferisch liebende Mensch schafft Kulturwerte – blut, raum- und zeitgebunden. Die wahre naturgemäße schöpferische Macht eines Volkes kann nur allein aus dem inneren geistigen, blutgebundenen Wesenskern dieses Volkes herauswachsen. Wir stehen heute als Stoffschöpfer vor der wirtschaftlich wie kulturell gleich bedeutsamen Aufgabe, arteigene deutsche Stoffe zu schaffen.“* Ob Itten 1937 noch zur Mazdaznan-Gemeinschaft gehörte, konnte bislang nicht geklärt werden. Ab 1935 war Mazdaznan, wie viele andere Vereinigungen auch, während des Nationalsozialismus in Deutschland verboten.

Itten bat auch Walter Gropius in Amerika um Vermittlung, der sich sehr bemühte, seinem ehemaligen Kollegen zu helfen. Kurz vorher hatte sich Herbert Bayer aus Amerika gemeldet mit der Anfrage nach Arbeiten aus der Bauhauszeit. Itten antwortete ihm ausführlich, dass er aus den Jahren wenig besäße, aber aus

[14] Weitsichtig empfahl Itten allerdings die Ansiedlung einer solchen Institution in Berlin, Frankfurt oder München, nicht in Krefeld, einer Stadt mit einem einzigartigen textilen Erbe, dessen sich die Stadtväter nicht bewusst sind.

der Berliner und Krefelder Zeit etliches. Eine umfassende Auswahl an Schülerarbeiten mit Stoffproben aus der Krefelder Zeit wurde nach Amerika geschickt und kam am Ende der Ausstellung 1939 zurück an Itten, der inzwischen in Zürich Direktor der Kunstgewerbeschule und des Kunstgewerbemuseums geworden war.[15]

Als die Industrie sich zu Beginn des Sommersemesters 1937 von der Finanzierung der Flächenkunstschule zurückzog, wurde klar, dass die Flächenkunstschule nicht weiter existieren konnte und in Form einer Klasse in die Höhere Fachschule eingegliedert werden würde. Ein Schreiben im November 1937 des damaligen Krefelder Oberbürgermeisters an den Minister für Wissenschaft, Erziehung und Volksbildung bestätigte dies und führte weiter aus, dass die Flächenkunstschule die Erwartungen nicht erfüllt habe. Dies habe sich auf dem Besuch der Weltausstellung in Paris (Mai–November 1937) gezeigt, wo die französischen Schulen den deutschen weit überlegen seien. Man wolle jetzt eine Sonderklasse für die besten Textil-Schüler im Reich gründen, diese nahm dann am 1. April 1939 mit Georg Muche als Leiter ihre Arbeit auf.[16]

Itten erhielt seine Kündigung vom Oberbürgermeister am 26. November 1937, gleichzeitig mit ihm wurden auch seine Unterrichtsassistenten *„aus dem Dienst der Schule entlassen.“*

Das Angebot von Hermann Lange, als Studienrat an der umorganisierten Krefelder Schule zu arbeiten, lehnte er ab, denn er hoffte in Amerika Fuß zu fassen. An Oskar Schlemmer schrieb er am 3. März, dass die Flächenkunstschule nun geschlossen sei und er voraussichtlich nach Amsterdam reisen würde. Vorher, am 18. März, wurde die Scheidung von seiner Frau Hildegard rechtskräftig, sie zog mit dem Sohn aus Krefeld fort und Itten fuhr nach Amsterdam.

[15] Auf diese Weise hat sich ein umfangreiches Konvolut von Arbeiten aus den Krefelder Jahren erhalten, das Anneliese Itten 1993 der Stadt Krefeld bzw. dem dortigen Textilmuseum zum Geschenk machte. Die Sammlung wurde in einer Ausstellung gezeigt und in einem Katalog wissenschaftlich bearbeitet. Frau Itten erhielt für ihre Schenkung die Ehrenbürgerschaft der Stadt Krefeld.

[16] Vgl. Droste: Bauhaus Designer zwischen Handwerk und Moderne, in: Bauhaus-Moderne im Nationalsozialismus. Zwischen Anbiederung und Verfolgung, hg. v. Wilfried Nerdinger, München 1993, 85–103, hier 101.

AMSTERDAM 1938

Als Itten Krefeld im März 1938 in Richtung Amsterdam verließ, nahm er große Hoffnungen mit. Über die Niederlande wollte er nach Amerika auswandern und hatte mit Walter Gropius im November 1937 diesbezüglich auch korrespondiert: *„Ich möchte Sie fragen, ob Sie irgendwo eine Möglichkeit sehen für die Gründung einer Bauhaus-Hochschule für die Mode- und Textil-Industrie.“* Er hatte ihm den entsprechenden Plan geschickt.[1]

In den Niederlanden traf Itten alte Freunde und Weggefährten aus der Bauhaus-Zeit wieder, die größte Hilfe kam dabei von seinem niederländischen Mazdaznan-Freund Willem Sandberg. Bereits im Februar 1938 hatte Sandberg ihn zu einem Vortrag in das Stedelijk Museum eingeladen, in dem Itten über die Erneuerung des (Kunst-)Unterrichts sprach. Dieser Vortrag fand ein großes Echo in den Medien und die Zeitschrift *De 8 en Opbouw* veröffentlichte seinen Plan einer *„Hochschule der Bildenden Kunst“*.

Einer seiner früheren Schüler, Hajo Rose (1910–1989), der 1933 aus Deutschland nach Amsterdam geflüchtet war, äußerte sich allerdings sehr kritisch: *„Nein, auf Itten falle ich nicht rein, das ist hier in Holland nicht so leicht möglich. Je feuriger Itten redet, umso kälter wurden die Holländer, so daß selbst seine guten Dinge verpufften* […] *Eine ganze Reihe Leute von der 8, so als van Elsteren, Stam etc. sind ja schon von vorneherein mit ihm einig. Itten redet ja mit einer penetranten Sicherheit. Ich finde es ausgeschlossen, daß er dabei noch malen könnte.“*[2] Hajo Rose unterrichtete als Dozent an der Nieuwe Kunstschool in Amsterdam, einer Schule, die nach dem Vorbild des Bauhauses arbeitete. Sie war 1934 von Paul Citroen zusammen mit anderen gegründet worden und bestand bis 1941.

Auch im Stedelijk Museum fanden mehrere Kurse statt, die Itten einerseits optimistisch, andererseits doch auch klagen ließen: *„Aber im Ganzen gesehen ist es für*

[1] Walter Gropius, zit. n. Rotzler, 1978, 85.

[2] Hajo Rose, Zit. n. Kat.-Ausst. Amsterdam 1991, 30.

mich eine jämmerliche Sache, so wie ein Wanderlehrer oder Straßenmusikant herumzuziehen und ***„interessante"*** *Kurse zu geben. Nun, ich hoffe und hoffe – habe seit zwei Tagen wieder ein etwas besseres Gefühl für die Zukunft."*[3] Itten schrieb diesen Brief an seine ehemalige Assistentin Anneliese Schlösser, die mittlerweile in Düsseldorf ein eigenes Atelier bezogen hatte. Dort waren auch Ittens Dokumente und Aufzeichnungen untergebracht, der Rest war eingelagert. Mit seiner Assistentin hatte Itten in den letzten Monaten der Krefelder Schule ein Liebesverhältnis, das auch wohl der Grund für seine Scheidung gewesen ist.

In Amsterdam mietete Itten ein Zimmer in einer preiswerten Pension für Vegetarier an der Reguliersgracht und versuchte, mithilfe von Schallplatten Englisch zu lernen. Paul Citroen, ein ehemaliger Schüler aus dem Weimarer Bauhaus und damals begeisterter Mazdaznan-Anhänger lud ihn im April zu einem Kursus ein. Es folgten weitere Kurse in Amersfoort und später auch in Utrecht. Wie so oft, beschrieb Itten manchen Teilnehmer mit spitzer Zunge: *„Im Kurs ist auch ein doppeltgenähter Professor und dreifacher Doktor, der begreift gut, aber wo ich ihm* ***unwissenschaftlich*** *erscheine, da schiebt er die Wirkung auf meine Person als suggestiv wirkend."*[4]

Itten war relativ zuversichtlich, was seine Situation betraf. Im gleichen Brief schrieb er an seine Geliebte Anneliese Schlösser: *„Habe schon jetzt genug zum einfachen Leben für einen Monat"*, und dass sich über Sandberg vielleicht auch ein Verkauf tätigen ließ. Aber Sandberg vermittelte ihm einen Auftrag: die Gestaltung eines Velums (Tuchs) für die Eingangshalle des Museums.

Seit dem 1. Januar 1938 war Sandberg stellvertretender Direktor des Stedelijk Museums und hatte, im Einverständnis mit dem abwesenden Direktor, Anfang Mai die Treppe und die obere Halle weiß streichen lassen. Auch das gelbe Glasdach wurde durch ein weißes Mattglas ersetzt. Nun war aber der Lichteinfall sehr stark und man

[3] Ebd., 33.

[4] zit. n. Rotzler 1978, 87. Die suggestive Wirkung Ittens wurde oft während der Bauhaus-Jahre beschrieben. Auch Alma Mahler hatte ihren damaligen Noch-Ehemann Gropius vor Itten gewarnt, siehe Kapitel Weimar.

beschloss, dies durch ein großes Velum zu dämpfen. Itten erschien Sandberg dafür die geeignete Person zu sein.

In einem Radiointerview Anfang der 1980er-Jahre erzählte Sandberg: „*Itten war ein alter Freund von mir und es ging ihm ziemlich schlecht,* […] *Da dachte ich: Mensch, das ist doch ganz gut, daß der Itten hier ist, der kann Geld gebrauchen und wir fragen ihn, ob er nicht ein Velum entwerfen will.*“[5]

In seinen Tagebüchern – Itten führte in Amsterdam einen Taschenkalender – finden sich eine Reihe von

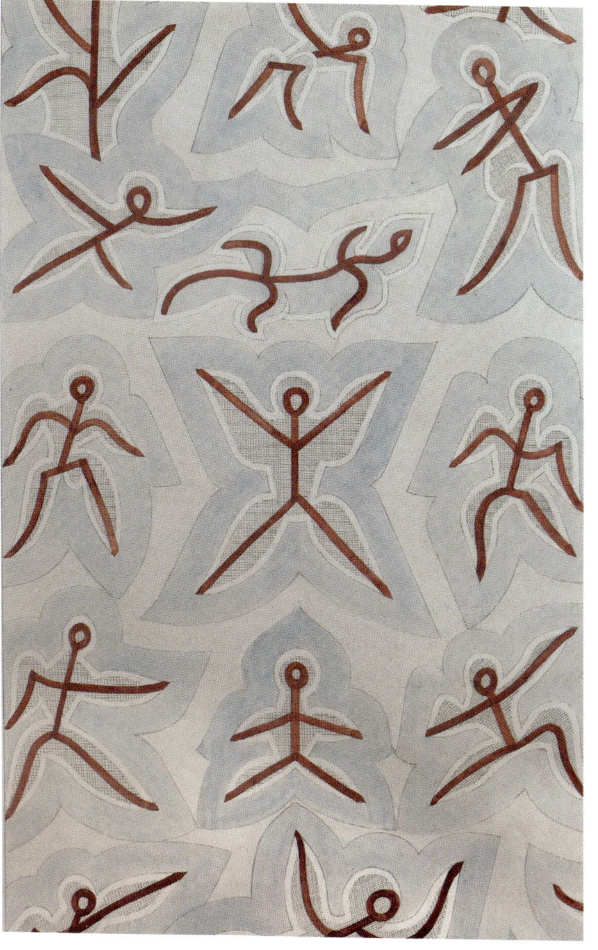

Ausschnitt aus dem Entwurf *Velum*, 1938, Gesamtkomposition, Bleistift und Aquarell, Klasse von Richard Zimmermann, 180 x 95 cm, Privatsammlung

[5] Willem Sandberg, Amsterdam 1991, 34.

[6] Das Tuch wurde im Verlauf des Zweiten Weltkriegs zerstört.

Notizen und Zeichnungen zum Velum, wobei Itten aber auch auf bereits Vorhandenes zurückgriff. So könnte das Gemälde von 1935 *Vögel am Meer* eine Anregung gewesen sein, aber ebenso auch die *Runen Studien,* die Itten nach Abbildungen skizziert hatte. Ittens Entwürfe wurden auf Transparentpapier übertragen, dann aus Stoff – rotem Fahnentuch für die skelettartigen Figuren, die Konturen aus weißem Filetstoff und blau eingefärbtem Gardinenstoff – ausgeschnitten und aufgenäht. Fünf Personen arbeiteten fast vier Wochen lang, inklusive der Wochenende, um das Tuch fertigzustellen.

Am 29. Juli hing das 18 x 9,50 m große Velum und kurze Zeit später wurde die Ausstellung *Hundert Jahre Französische Kunst* eröffnet. Auf einer Fotografie, angefertigt kurz nach der Fertigstellung, hatte Itten den Titel vermerkt: *„Schöpfung – Velum für das Steddjik (!) Museum 1938"*.[6]

Zwischendurch war Itten öfters in Düsseldorf bei Anneliese Schlösser gewesen und hatte Anfang Juli einen Ferienkurs auf Einladung von Kitty van der Mijll Dekker (1908–2004), auch eine ehemalige Bauhaus-Schülerin, gegeben. Sie erinnerte sich 1987 daran: *„als ich noch an der Kunstgewerbeschule – der späteren Rietveld Akademie unterrichtete, war das Interesse seitens der Lehrer für das Bauhaus (es handelte sich um eine Ausstellung über Joh. Itten) äußert gering, die meistens wollten nicht einmal hingehen. Da veranstaltete ich einen Ferien-Zeichenkurs im Schloß Eerde, in der Nähe des Ortes Ommen, der unter der Leitung von Prof. J. Itten stand. Prof. Itten liess uns Bäume zeichnen, nachdem wir vorher hatten bellen und andere Atemübungen machen müssen* […]."[7]

Aus dem Briefwechsel mit Sandberg in diesen Monaten geht hervor, dass Itten sehr mit der Bewerbung auf die freiwerdende Stelle des Direktors der kunstgewerblichen Abteilung der Gewerbeschule und des Kunstgewerbemuseums in Zürich beschäftigt gewesen war. Im November 1938 stellte er sich in Zürich vor.

[7] Kitty van der Mijll Dekker, Amsterdam 1991, 42.

ZÜRICH 1939–1967

Nahezu einstimmig wählte das Schulkollegium Itten, er trat seine neuen Ämter am 1. Dezember 1939 an. Begeistert schilderte er in einem Brief an Anneliese Schlösser die Feierlichkeiten zur Amtseinführung und fügte hinzu: *„ich werde langsam froh und munter, das Gehirn fängt wieder an zu arbeiten, und das Gemüt wird frei."*

Bereits 1939 zeigte er eine erste Ausstellung *Johannes Itten – aus meinem Unterricht* in der er seine Lehrmethode anhand von Schülerarbeiten aus Berlin und Krefeld vorstellte. Im Einführungstext des Kataloges, den er, wie er schrieb, explizit für Lehrer verfasste, verglich er den Lehrer mit einem Gärtner: *„Der wahre Lehrer ist wie ein Gärtner; er bereitet den Boden vor und säet.* [...] *Der kluge Gärtner bemißt sorgfältig seine pflegliche Hilfe. Er weiß, daß seine Hilfe gering ist, die Kraft und Macht der Natur aber riesengroß."*

An der Kunstgewerbeschule hatte es unter seinem Vorgänger Alfred Altherr (1875–1945) bereits seit Anfang der 1920er-Jahre eine sogenannte *„allgemeine Abteilung"* gegeben. Diese lief über zwei Semester, dauerte also ein Jahr, und musste von allen Schülern besucht werden. Erst danach war eine Aufnahme in eine Fachklasse möglich. Der Schwerpunkt des Unterrichts lag auf Zeichnen, das Kopieren von historischen Stilen war verpönt; Altherr forderte eine Abkehr von Einzelanfertigungen und forcierte eine Hinwendung zu Typen für serielle Erzeugnisse.

Itten sah dagegen die Schule als ein *„kunsthandwerkliches Institut"*, in dem *„mechanisch-technische Arbeiten"* sich abzuwechseln hatten mit kunsthandwerklichem Schaffen. In einem Text, der im Januar 1939 in der Schweizerischen Zeitschrift *Das Werk* veröffentlicht wurde, schrieb er weiter, dass *„die handwerklich-technische Ausbildung nach der Richtung der industriellen Praxis hin erweitert und ausgebaut werden muß"*, aber gleichzeitig sollte auch *„die handwerklich-künstlerische*

Ausbildung in der Richtung der freien Kunst hin entwickelt werden." Das Ziel der Schule lag für ihn in zwei entgegen gesetzten Polen: *„Industrie und Kunst – wie Gehirn und Herz –, und eine goldenen Mitte: das schöpferisch gestaltende, tätige Handwerk. In der Dreiheit: Industrie-Kunst-Handwerk ist die platonische Forderung nach vollkommener, das heißt: harmonischer Erziehung erfüllt. Plato forderte die Ausbildung des mathematisch-konstruktiven Denkens, der musischen Qualität durch die Künste und der gymnischen (körperlichen) Fähigkeiten, welche in unserem Falle durch das Handwerk dargestellt werden."*[1] Die Kunstgewerbeschule bot den Schülern nach zwei Semestern die Möglichkeit einer Lehre oder einer Ausbildung, entweder in einer der Klassen oder in einer privaten Firma. Neben den allgemeinen künstlerisch-gestalterischen Aufgaben kam die technische Ausbildung, wie Itten zum 100-jährigen Jubiläum der Schule präzisierte: *„Wenn wir auch den schöpferisch-erfinderischen Arbeiten den ersten Rang einräumen, so wird doch allergrösstes Gewicht auf saubere, materialgerechte, funktionell und technisch einwandfreie Lösungen gelegt."*[2]

Itten erteilte Form- und Farbenlehre in der *„vorbereitenden allgemeinen Klasse"* und griff dabei, wie Schülermitschriften zeigen, auf seine bewährten und vielfach erprobten Aufgabenstellungen zurück. Auch hier wurde, wie bereits in Krefeld, bei der Erarbeitung der subjektiven Farben jeweils ein Porträtfoto hinzugeklebt.

Für Itten begann in Zürich auch privat ein neuer Lebensabschnitt, er heiratete Anneliese Schlösser, seine ehemalige Krefelder Assistentin und wurde Vater von weiteren drei Kindern. Sie erbten seine Liebe zur Kunst, zu den Naturwissenschaften und zur Musik.

Neben der Leitung der kunstgewerblichen Abteilung der Gewerbeschule war Itten auch die Leitung des Kunstgewerbemuseums übertragen worden. Diesem Museum hatte der Sammler Baron Eduard von der Heydt (1882–1964) Leihgaben aus seiner Sammlungen

[1] zit. n. Rotzler 1978, 241 ff.

[2] Schweizerische Bauzeitung, 72. Jahrgang, Nr. 11, 13. März 1954, 143, http://dx.doi.org/10.5169/seals-61155, Abruf 19.08.2015.

mit der Auflage der ständigen Präsentation überlassen. Aufgrund einer großanlegten, alle Räume beanspruchenden Ausstellung wollte Itten 1939 die Leihgaben für einige Monate ins Depot stellen, worauf der Sammler mit einem Abzug drohte. Itten reagierte rasch und diplomatisch, eine jahrelange Freundschaft entstand und er konnte den Baron dafür gewinnen, seine gesamte Sammlung der Stadt Zürich zu überlassen.

Die Stadt kaufte dafür 1945 die ehemalige Villa Wesendonck, in der übrigens Richard Wagner die junge Margarete Wesendonck kennengelernt hatte.[3]

Nach dem Umbau der Räumlichkeiten fand die von der Heydtsche Sammlung asiatischer, afrikanischer, amerikanischer und ozeanischer Kunst hier ihren neuen Platz. Itten leitete das Museum, das den Namen Rietberg-Museum bekam, von 1952 bis 1956. Ein Jahr zuvor war es ihm gelungen, die DDR-Regierung in Berlin zu einem Tausch zu überreden. Der Baron hatte einen Teil seiner Sammlung dem Ostasiatischen Museum in Berlin als Leihgabe überlassen und nach dem Zweiten Weltkrieg verblieben diese Leihgaben im Ostsektor der Stadt. Die Regierung zeigte sich resistent gegenüber den Bitten um Rückgabe. Itten bot daraufhin der ostdeutschen Regierung *„Leninsche Erinnerungsstücke“* an, Dinge, die er dem Vermieter von Lenins Wohnung in Zürich abgekauft hatte: ein Teeglas, ein Teesieb und zwei Buttermesser. Nach tagelangem Warten, er war bereits in Berlin, erhielt er die Nachricht, dass die Sammlung freigegeben war. Ein Regierungssprecher bat ihn bei der Übergabe: *„die Rückgabe dieses Schweizer Besitzes als eine Geste des Friedenswillen der ostdeutschen Regierung* [zu] *betrachten.“*

In der Kunstgewerbeschule zeigte er weitere Schülerausstellungen in den Jahren 1944, 1948 und 1951. Aus den vielen anderen Ausstellungen, es sollen fast 60 gewesen sein, ragen einzelne heraus, wie die 1944 gezeigte *Die Farbe in Natur, Kunst, Wissenschaft und Technik.* Neben zahlreichen Gemälden von Edgar Degas, Auguste Renoir,

[3] Zusammen mit seiner ersten Frau Minna wohnte der Komponist fast eineinhalb Jahre „auf dem grünen Hügel“, dem Rietberg, und widmete Margarete Wesendonck *„Tristan und Isolde“*.

Vincent van Gogh, Paul Klee, Henri Matisse, Pablo Picasso u. a., wurden auch Vögel, Käfer, Schmetterlinge sowie *„Textilien, Papiere, Metalle und Keramiken, Farbfotografie und Literatur zu Farbe"* präsentiert. Auf 100 x 71,9 cm großen Kartons, es waren insgesamt 80, stellte Itten zum ersten Mal seine Farblehre umfassend und systematisch vor. Wie Doloros Denaro festhält: *„dies in einem Umfang, wie es später nicht mehr versucht wurde. Die publizierte Farbenlehre von 1961 enthält im Vergleich dazu nur Teile der Illustration."*[4] Die Tafeln wurden später für weitere Ausstellungen gebraucht, dazu begleiteten sie Itten auf kunstpädagogische Tagungen oder Vorträgen.

Mensch im Farbkreis, 1919/20, Graphit, Farbstifte, 29,5 x 21 cm, Itten-Archiv, Zürich

Zusätzlich zu Kunstgewerbeschule und -museum hatte Itten 1943 die Leitung der Züricher Textilfachschule übernommen, war aber schon vorher für die dortige Seidenindustrie tätig gewesen. Neben Kursen für die im Beruf Stehenden hielt er Vorträge für die Industrie; so notierte er im Züricher Tagebuch V auf Seite 602: *„Vortrag am 6.iii.43 auf Einladung der Textilindustrie anlässlich der Modewoche."*[5]Auch seine Frau unterrichtete in der Textilfachschule und arbeitete freiberuflich als Entwerferin für die Seidenindustrie.

Trotz des umfangreichen Arbeitsprogramms nahm Itten an zahlreichen nationalen und internationalen Ausstellungen teil, so auch im Frühjahr 1940 in Zürich am Salon Indépendant.

1948 zeigte er zum ersten Mal in New York bei den Kleemann Galleries Aquarelle und Zeichnungen. Gefragt war er in diesen Jahren als Redner auf Kongressen, Tagungen und in Werkkunstschulen, er sprach über Kunst und Kunsterziehung und vor allem seinen Unterricht.

Im Dezember 1953 wurde Itten pensioniert, führte aber die Amtsgeschäfte noch bis März 1954 weiter, 1956 trat er von der Leitung des Rietberg Museums zurück und erst 1960 von der Leitung der Textilfachschule. Schon 1955 hatte er ein Atelierhaus in Unterengstringen gekauft, denn bereits 1938 hatte er sich vorgestellt,

[4] Bern 2002, 165.
[5] Tagebuch V, Johannes-Itten-Stiftung, Bern.

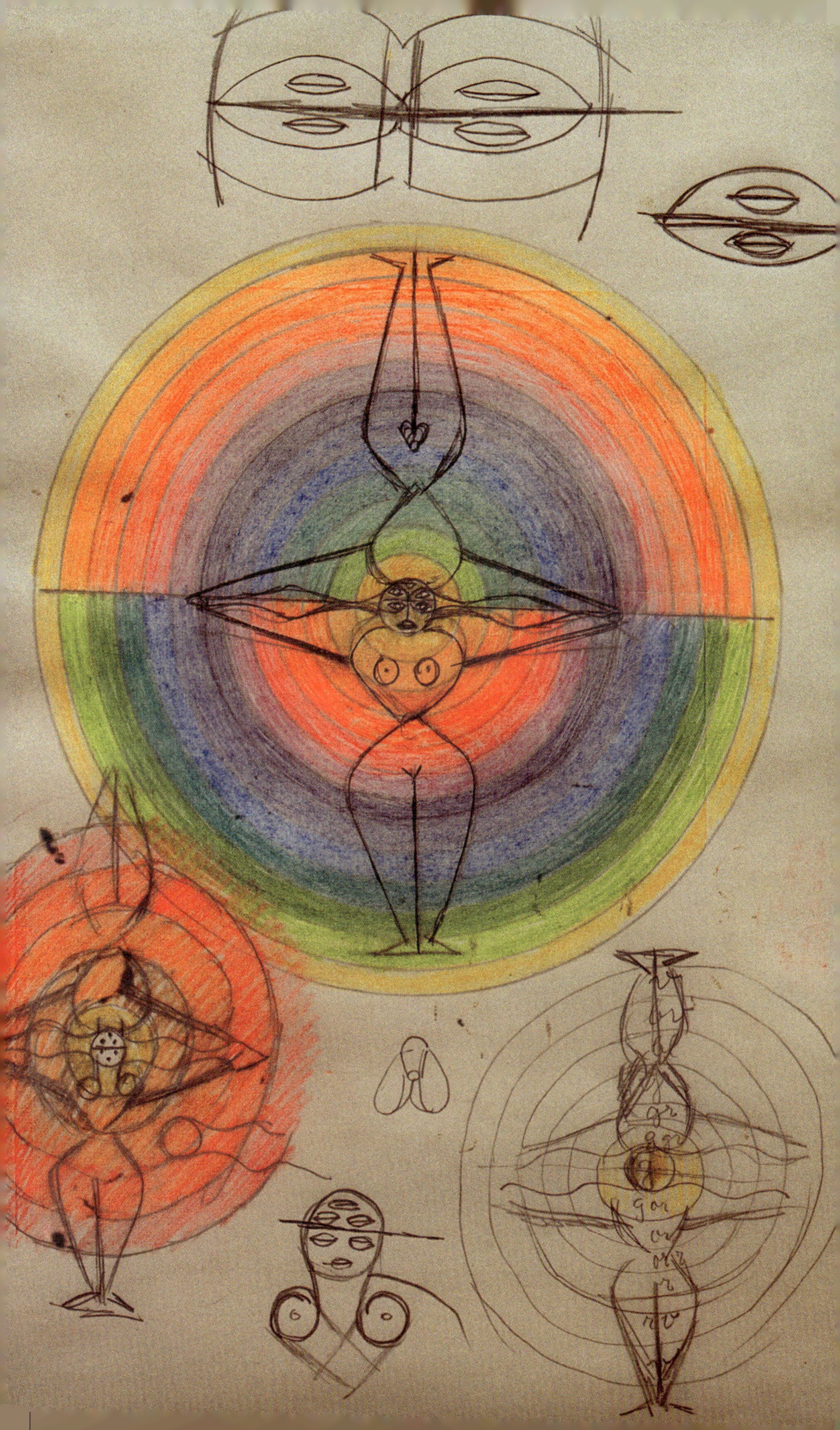

„in fünfzehn Jahren mit gesicherter Pension noch einige Jahre in aller Ruhe arbeiten zu können“. Das erwies sich in gewisser Weise als Illusion, denn er war nicht nur weiterhin als Redner gefragt, sondern nun wuchs das öffentliche Interesse am Bauhaus; bei der Eröffnung der Hochschule für Gestaltung in Ulm hatten sich viele Bauhäusler eingefunden und Itten hatte Gropius wiedergetroffen.[6]

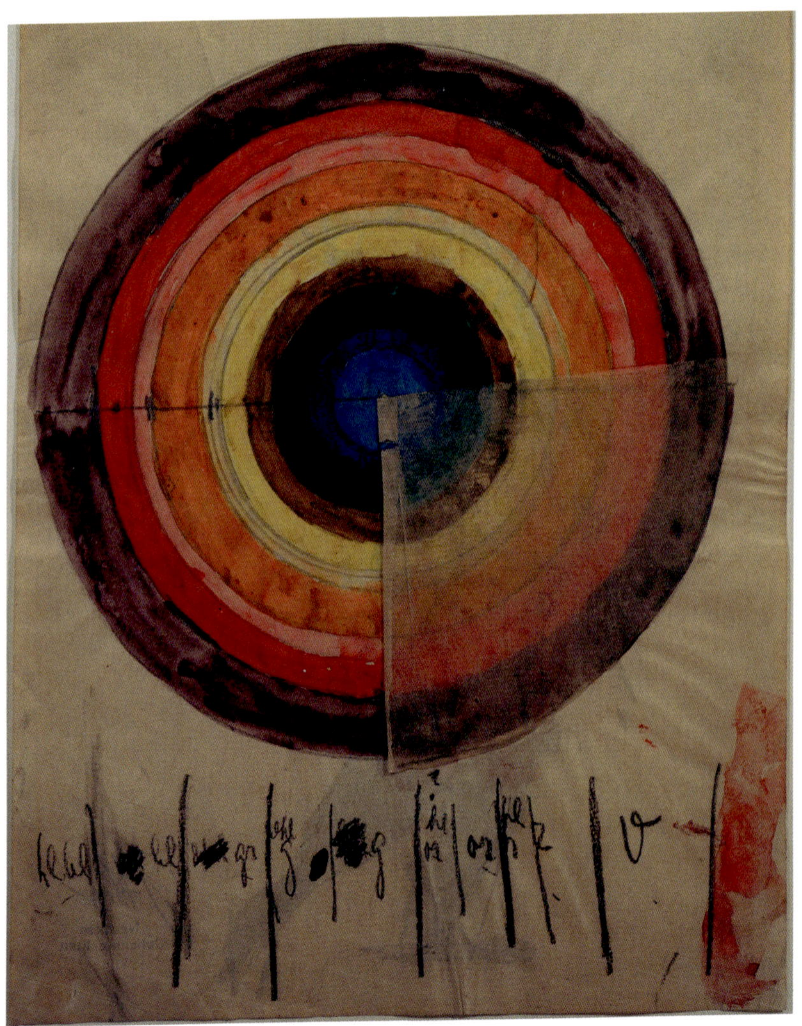

So war es für Itten dann auch selbstverständlich, seinen Unterricht niederzuschreiben: 1961 erschien *Kunst der Farbe* und 1963 *Mein Vorkurs am Bauhaus*. Bücher, die inzwischen in vielen Übersetzungen vorliegen und immer wieder neue Auflagen erleben.

Laut dem Werkverzeichnis sind von 1939 bis 1967 über 600 Gemälde, Zeichnungen und Aquarelle entstanden. Landschaften, Porträts und Stillleben sind die vorherrschenden Themen, sie sind in gegenständlicher Manier festgehalten und nur selten wird eins der Themen in abstrakten Formen ausgeführt. Erst ab Mitte der 1950er-Jahre wandte sich Itten wieder der Abstraktion zu und erst ab den 1960er-Jahren sind es ausschließlich geometrische Formen, aus denen er seine Bilder komponierte.

Zu einem dieser Bilder hatte er notiert: „*Im ‚Concerto' ein gemeinsamer Klang, die innere Form als Kalt-Warm-Kontrast, jede Farbe von jeder anderen lebend, keine allein. Im Außenkreis Komplementär- und Qualitäts-Kontrast, innen Kalt-Warm und etwas Farbe-an-sich. Außen horizontal betont, innen vertikal. Die Diagonalbewegung nur in der Fünfeck-Bezugsfigur der großen blauen Quadrate.*"

Farbkreis, um 1915, Bleistift, Aquarell und Collage, 27,5 x 21,3 cm, Itten-Archiv, Zürich

Ein von ihm oft wiederholtes Thema waren die Jahreszeiten, so erzählte er in einer Rede zur Ausstellungseröffnung:

„*Auf meiner Fahrt nach Baden-Baden bin ich aufs neue angeregt worden, neue Farbkombinationen des Frühlings zu entdecken. Auch der gegenstandslose Maler ist dankbar für alle Anregungen, die ihm die sinnliche Welt anbietet. Aber ich muss gestehen, daß ich während der Arbeit an den Bildern der Jahreszeiten nicht einzelne Stimmungen des Winters oder des Frühlings wiedergeben wollte, sondern daß ich bemüht war, das Wesentliche und das sich Unterscheidende jeder Jahreszeit herauszuarbeiten. Der Frühling war mir die Zeit des keimenden und blühenden neuen Lebens der Natur, der Sommer war mir die äußere Kraftentfaltung des positiven Wachstums und*

[6] Rotzler 1978, 94.

Reifens. Der Herbst die Zeit des Zerfalls des Organischen und des Sterbens. Der Winter ist für mich die Zeit der Ruhe und inneren Konzentration.“

Als erstes Museum hatte ihm das Stedelijk Museum in Amsterdam 1957 die erste große Einzelausstellung ausgerichtet. Über 200 Arbeiten wurden gezeigt und dazu ein Katalog herausgegeben. Im Züricher Kunsthaus wurden seine Arbeiten 1964 in einer großen Retrospektive ausgestellt.

In den letzten drei Jahren seines Lebens erfuhr Itten eine Reihe von herausragenden Ehrungen, 1965 verlieh man ihm die Ehrendoktorwürde. In der Dankesrede merkte er an: *„Vielleicht sind heute einige Herren unter ihnen, die es bedauern, daß ich hier nicht mit kahlgeschorenem Kopf und im Malkittel vor ihnen stehe. Dieses Bild von mir erscheint noch immer in den Zeitungen. Diese Bauhaus Jahre waren aber nur drei Jahre meines Lebens und meiner fünfzigjährigen Arbeit.“*

Die Niederländer sprachen ihm 1966 den Sikkens-Preis zu, die Sikkens Foundation ist eine unabhängige kulturelle Stiftung in den Niederlanden, die seit 1959 jährlich den Preis vergibt. Er hat die Form eines Kristallprismas, das die Farbphänomene symbolisieren soll. Itten bekam ihn verliehen, weil er einen fundamentalen Beitrag zur Farbenlehre in Form des Vorkurses am Bauhaus und in der Publikation *„Kunst der Farbe“* geleistet hatte.

Im gleichen Jahr vertrat Itten, zusammen mit dem Bildhauer Walter Linck (1903–1975), die Schweiz auf der 33. Biennale in Venedig. Am Karsamstag, den 25. März 1967 starb Itten in Zürich. Eine seiner letzten Arbeiten war eine Skizze zu einem Spiralenbild. In vielen Zeitungen und Zeitschriften erschienen Nachrufe, in der Mazdaznan-Zeitschrift *Ruf an die Welt* Nr. 2, 1967 war es nur ein kurzer Satz: *„Professor Johannes Itten, der treue Mazdaznanlehrer bis ins hohe Alter, ist am Ostersamstag in die Ewigkeit eingegangen.“*

Lothar Schreyer (1886–1966) fasste seine Erinnerungen an Itten prägnant zusammen:

„Wir hatten das Glück, unter uns in Johannes Itten nicht nur einen führenden Künstler des Expressionismus, sondern auch einen der schöpferischsten Pädagogen höchsten Ranges zu haben. Die ‚Vorlehre', die er als Grundlage der Bauhaus Pädagogik einrichtete, zielte in lebendiger Weise auf die harmonische Entwicklung der handwerklichen und künstlerischen Möglichkeiten der Schüler; die Wirkung und der Erfolg waren, wie stets im ‚lehren', völlig abhängig von der Persönlichkeit des Lehrers und an ihn gebunden."

Nächste Doppelseite: *Ornamententwürfe für Textilien mit Kreismotiv*, um 1920, Blei-, Farbstifte und Tusche auf Papier, 21,2 x 28,7 cm, Itten-Archiv, Zürich

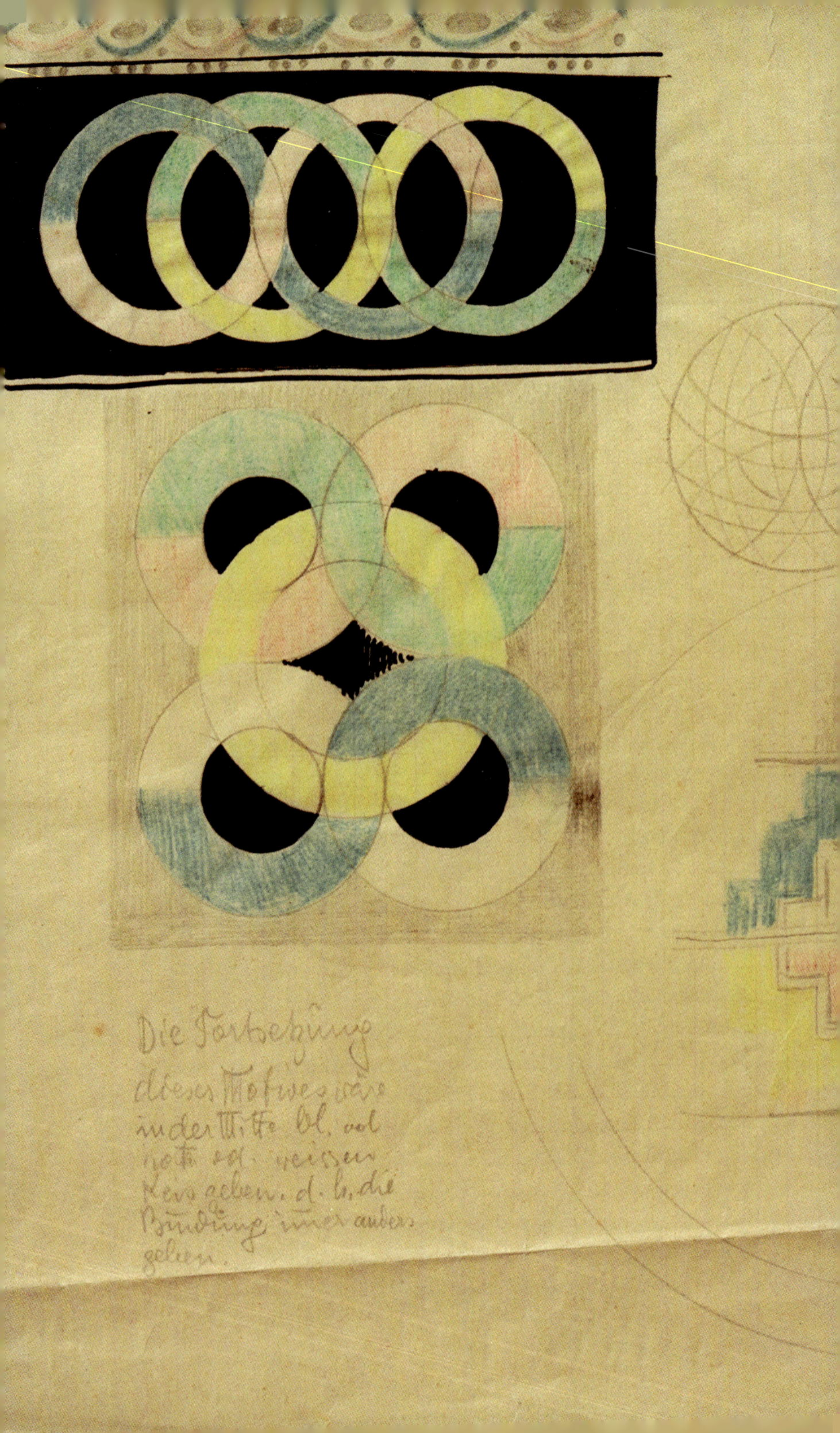
Die Fortsetzung
dieses Motives wäre
in der Mitte bl. od
gelb od. weissen
Kreis geben. d. h. die
Bindung immer anders
gehen.

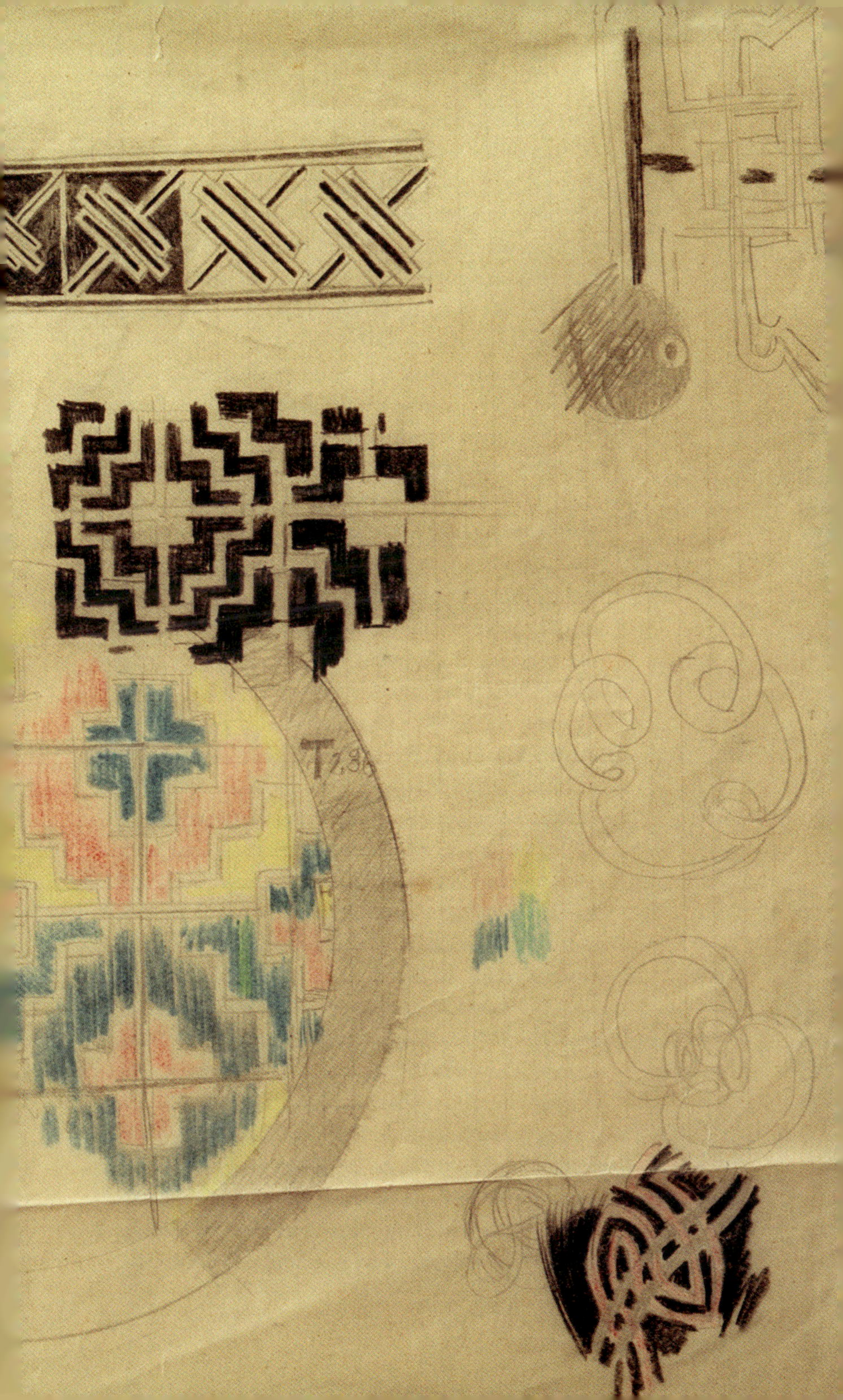

EINE ENTDECKUNGSREISE
Auf den Spuren von Johannes Itten

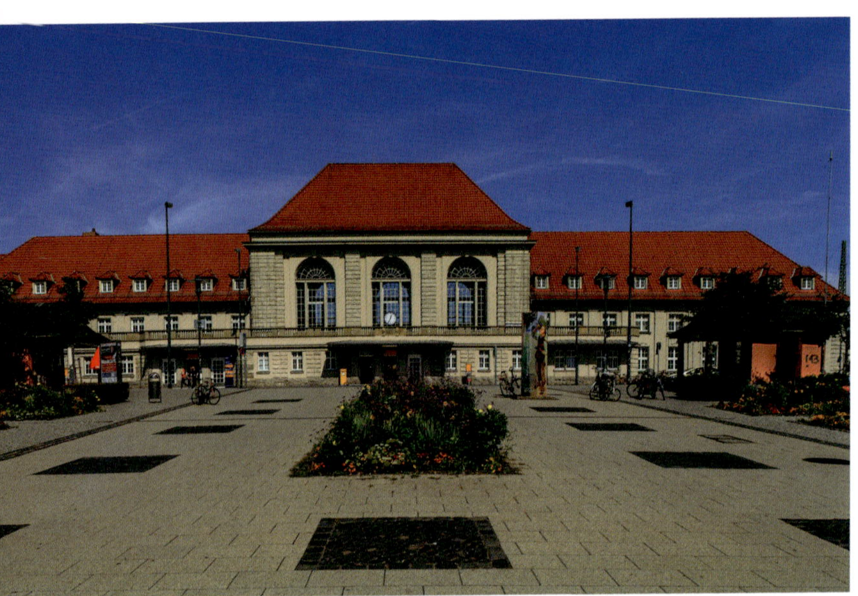

• Hauptbahnhof Weimar

1 Der Bahnhof Weimar

Hier kam Itten 1919 zum ersten Mal in Weimar an. Ein Jahr später holte er zusammen mit Georg Muche den neu ans Bauhaus berufenen Paul Klee ab. Der Bahnhof wurde 1846 eröffnet und stellte die Verbindung nach Halle und über Erfurt nach Kassel her. Das repräsentative Gebäude im neoklassizistischen Stil liegt am Ende der Carl-August-Allee und wurde zwischen 1915–1922 gebaut, als die Stadt – in der Weimarer Republik – die Landeshauptstadt Thüringen war. Eine besondere Rolle spielte der Bahnhof zur Zeit des Nationalsozialismus als über ihn und eine hier beginnende Anschlussstrecke die Häftlingstransporte zum KZ Buchenwald liefen.

2 Neues Museum Weimar

Die Ausstellung der Bauhaus Meister von August bis September 1922 an der Johannes Itten teilnahm, fand im damaligen Thüringischen Landesmuseum statt. Das Großherzogliche Museum – ein Zentralbau im Stil der Neorenaissance – war vom Großherzog Carl Alexander als „Neues Museum“ geplant, vom tschechischen Baumeister Josef Zítek entworfen und als eines der ersten Museen in Deutschland 1869 eröffnet worden. Im II. Weltkrieg wurde das Gebäude stark beschädigt. Es stand lange Zeit leer, 1996 diente die notdürftig gesicherte Ruine als Ausstellungsstätte der vielbeachteten Kunstausstellung „Nach Weimar“ und wurde zum Kulturstadtjahr 1999 renoviert und als „Neues Museum“ wiedereröffnet. Neben den Wandmalereien zur „Odyssee“ von Friedrich Preller (1804–1878) im ersten Obergeschoss finden sich zeitgenössische Installationen von Daniel Buren und Sol Le Witt im Treppenhaus. Im Foyer wird eine Installation der Schweizer Künstlerin Pipilotti Rist gezeigt. Zu sehen sind wechselnde Ausstellungen moderner Kunst.

Neues Museum Weimar
Weimarplatz 5
99423 Weimar
Telefon: +49 3643 545 400
Fax: +49 3643 41 98 16
info@klassik-stiftung.de
www.klassik-stiftung.de

• Neues Museum Weimar, hinteres Gebäude mit der großen Freitreppe

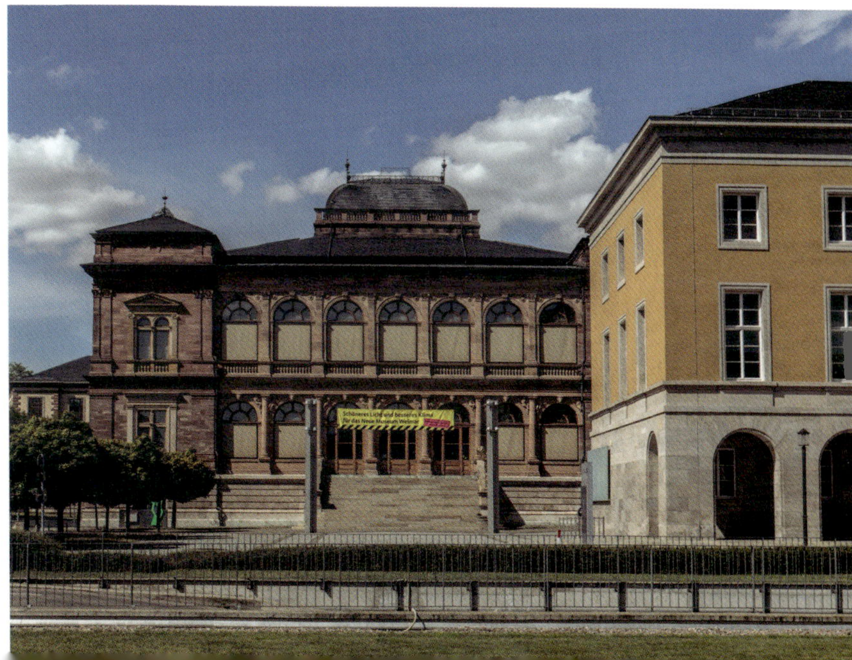

3 a + b Bauhaus-Museum

Das Bauhaus-Museum Weimar zeigt anhand von mehr als 200 Exponaten die Entwicklung des Staatlichen Bauhauses in Weimar (1919–25). Derzeit ist das Museum provisorisch in einer Ausstellungshalle am Theaterplatz untergebracht. Den Eingangsbereich des Museums bildet das klassizistische Kulissenhaus von Clemens Wenzeslaus Coudray. Ein Museumsneubau der Architektin Heike Hanada ist in Planung. Das neue Bauhausmuseum entsteht am Weimarhallenpark und öffnet seine Pforten in den nächsten Jahren. 2019 feiert Weimar das 100-jährigen Bauhausjubiläum. Das im Kapitel Weimar auf Seite 72 abgebildete Foto des *Turm des Feuers* wurde vor dem Tempelherrenhaus aufgenommen und zeigt dessen romantische Lage im Park an der Ilm. Eine Nachbildung des Turms steht heute im Bauhaus-Museum Weimar am Theaterplatz.

Bauhaus-Museum Weimar
Theaterplatz 1
99423 Weimar
Telefon: +49 3643 545 400
www.klassik-stiftung.de

3a Bertuchstraße | 99423 Weimar
(Baustelle, neuer Standort)
3b Theaterplatz 1 | 99423 Weimar
(Kulissenhaus, alter Standort)

• Modell neues Bauhaus-Museum Weimar. Siegerentwurf von Prof. Heike Hanada mit Prof. Benedict Tonon, Berlin

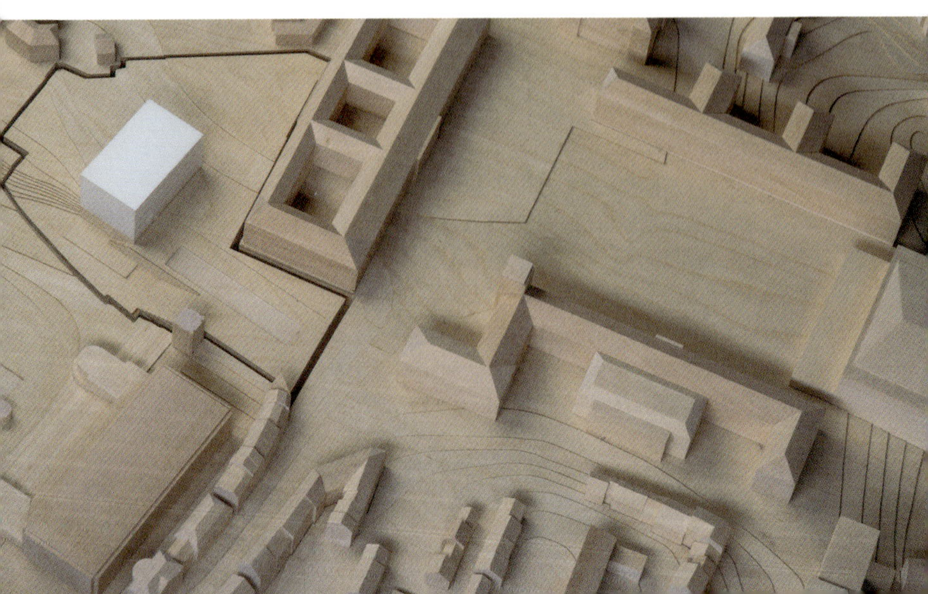

4 Hotel Elephant

Das Hotel zählt zu den ältesten Herbergshäusern in Weimar. Erwähnt bereits 1561 und als Gasthof seit 1696 bezeugt; im 18. Jahrhundert wurden 14 Stuben, 14 Kammern, eine große Küche, ein großer Weinkeller und drei Bierkeller gezählt. In den Stallungen fanden mehr als einhundert Pferde Platz. Viele Besucher Gothes übernachteten hier und der österreichische Schriftsteller Franz Grillparzer nannte das Haus *„Vorzimmer zu Weimars lebender Walhalla.“* Die häufigen Aufenthalte Adolf Hitlers förderten 1938 eine großzügige Erweiterung. Nach dem 2. Weltkrieg wurde es wiedereröffnet und diente 1975 als Schauplatz im DEFA-Film „Lotte in Weimar“ mit Lili Palmer.

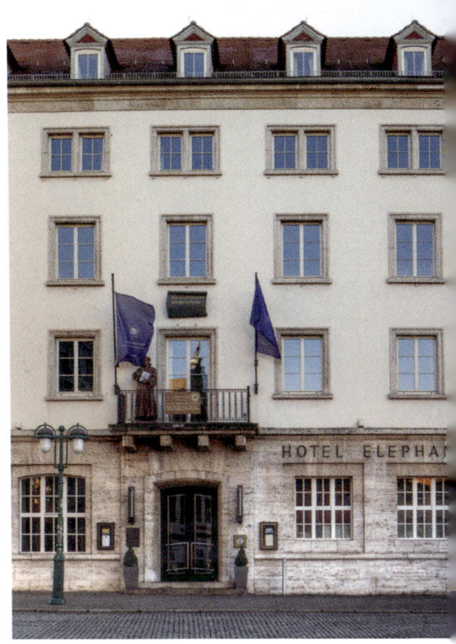

• Hotel Elephant am Markt in Weimar

• Villa in der Leibnitzallee 1, Weimar

Hotel Elephant
Markt 19
99423 Weimar
www.hotelelephantweimar.com

5 Wohnung Itten

Johannes Itten wohnte mit seiner Familie in der Wilhelmsallee Nr. 1., Bauhausmeister Oskar Schlemmer sprach von: *„einer herrschaftlichen*

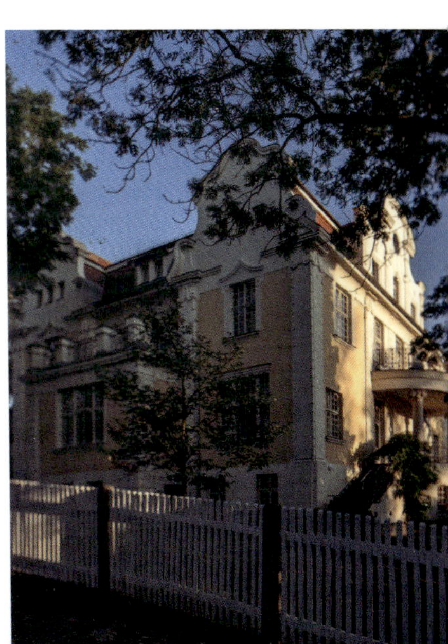

Wohnung in einer neo-barocken Villa". Erbaut wurde das Haus von Rudolf Zapfe um 1906/07. Der Architekt und Bauunternehmer bestimmte das Stadtbild in Weimar maßgeblich durch den Bau von hunderten von Gebäuden, darunter zahlreiche Villen und Mietshäuser, im Stil des Historismus und des Jugendstils. Die Wilhelmsallee führt vom Stadtschloss über die Sternbrücke nach Osten, nach dem II. Weltkrieg wurde sie in Leibnizallee, nach dem Philosophen und Mathematiker Gottfried Wilhelm Leibniz umbenannt.

• Tempelherrenhaus im Park an der Ilm

6 Tempelherrenhaus

Das alte Gewächshaus wurde 1786/87 zu einem „romantischen Salon" für den herzoglichen Hof und dann 1811 bis 1820 – dem Geschmack der damaligen Zeit folgend – in einem neugotischen Tempel umgebaut. Die schon aus den Ursprungsjahren stammenden hölzernen Plastiken „Tempelherren" darstellend, gaben dem Gebäude seinen Namen. Der 1816 angefügte Turm geht wahrscheinlich auf einen Entwurf von Johann Wolfgang von Goethe zurück. Franz Liszt und Fredericco Bussoni gaben hier Konzerte, Johannes Itten

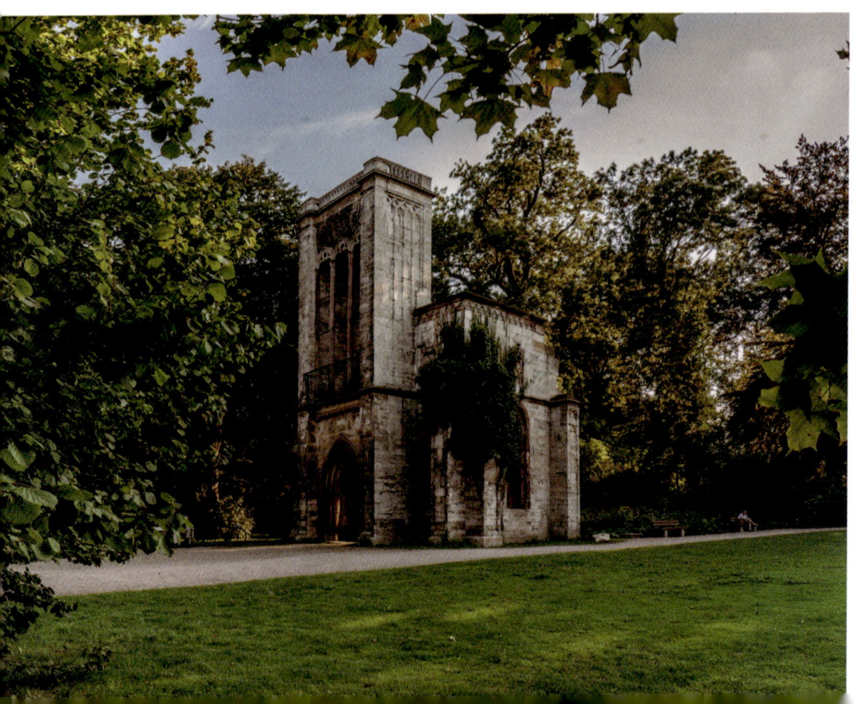

nutzte es als Atelier und veranstaltete auf der Dachterrasse die „Morgenübungen". Es sind rauschende Feste des Bauhauses verbürgt. Im II. Weltkrieg zerstörten Bomben das Haus, heute ist es eine Ruine.

7 Hauptgebäude (a) und Werkstattgebäude (b)

Das Hauptgebäude der Hochschule wurde 1904/05 von dem belgischen Künstler und Architekten Henry van de Velde gebaut, ein weiterer Abschnitt folgte 1911. Heute wird das Gebäude von den verschiedenen Fakultäten der Bauhaus Universität Weimar genutzt.
Etwa zeitgleich mit dem Hauptgebäude wurde ebenfalls von van de Velde das Werkstattgebäude geplant und gebaut. Hier befanden sich zur Zeit des Bauhauses ein Teil der Meisterateliers und die Werkstätten.

Bauhaus-Universität Weimar
Geschwister-Scholl-Straße 7+ 8
99423 Weimar
www.uni-weimar.de

• Hauptgebäude, Bauhaus-Universität Weimar

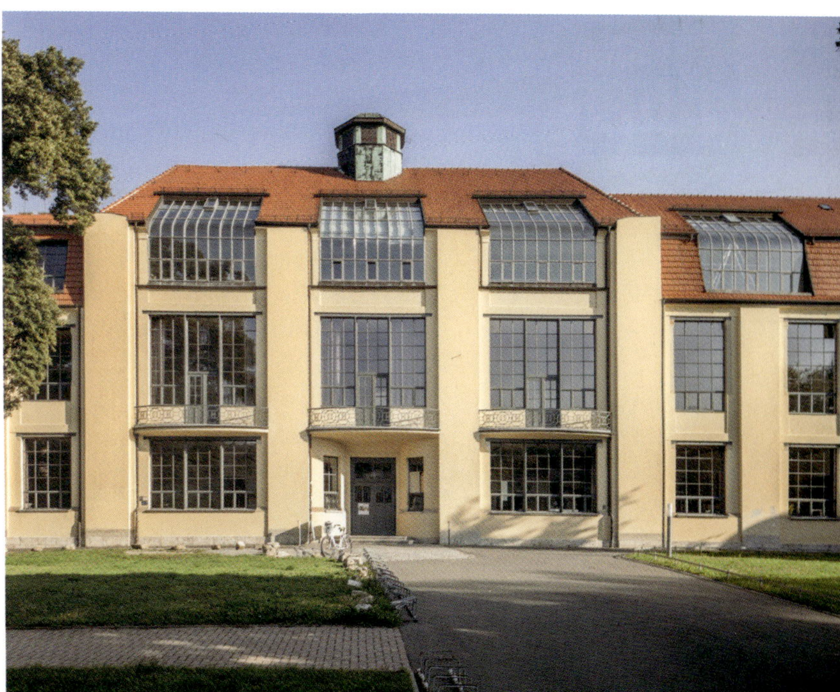

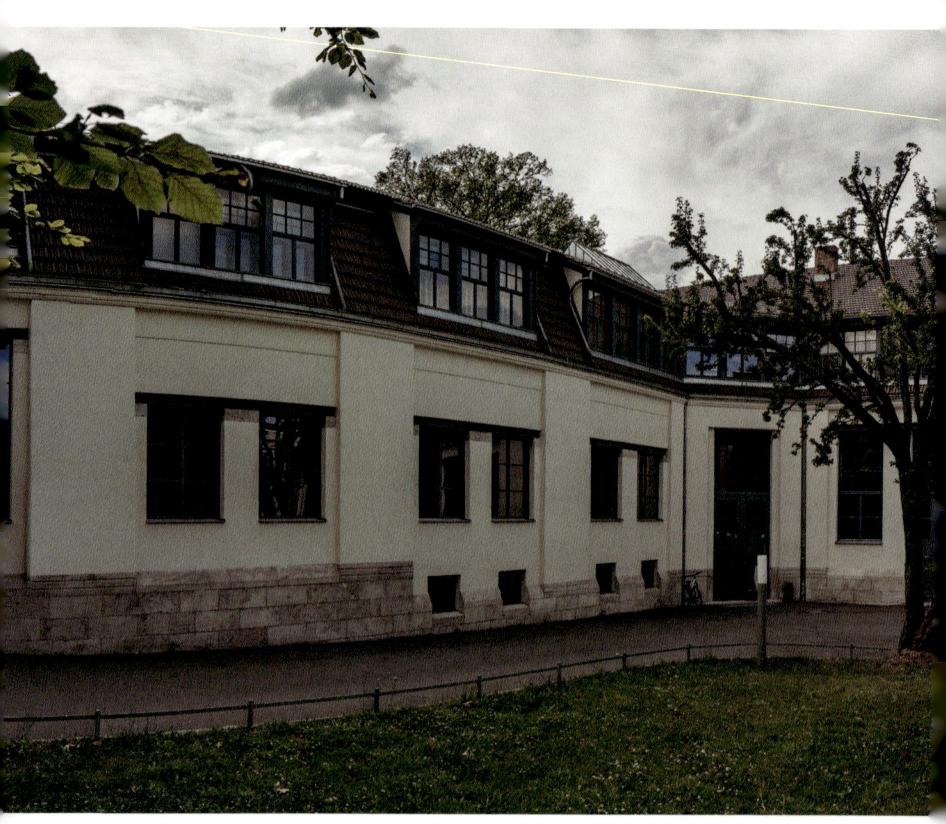

8 Bauhaus-Kantine / Brendelsche Atelier

Lebensmittelknappheit und Armut der Bauhaus-Studenten waren in der Nachkriegszeit Auslöser für die Einrichtung einer Kantine. Man wählte das Brendelsche Atelier, dass sich der Tiermaler und Direktor der Weimarer Kunsthochschule Alfred Brendel als Atelier hatte bauen lassen. Mit einem Küchenanbau versehen war diese Gebäude bis 1925 die Bauhaus-Mensa. Da die Speiseanstalt oft der einzige Raum war, der richtig beheizt wurde, entwickelte sie sich bald zum „Wohnzimmer" des Bauhauses, in der die Bauhausmeister mit ihren Schülern speisten. 1920 wurde sogar ein eigener Gemüsegarten Am Horn angelegt, um preiswerter Lebensmit-

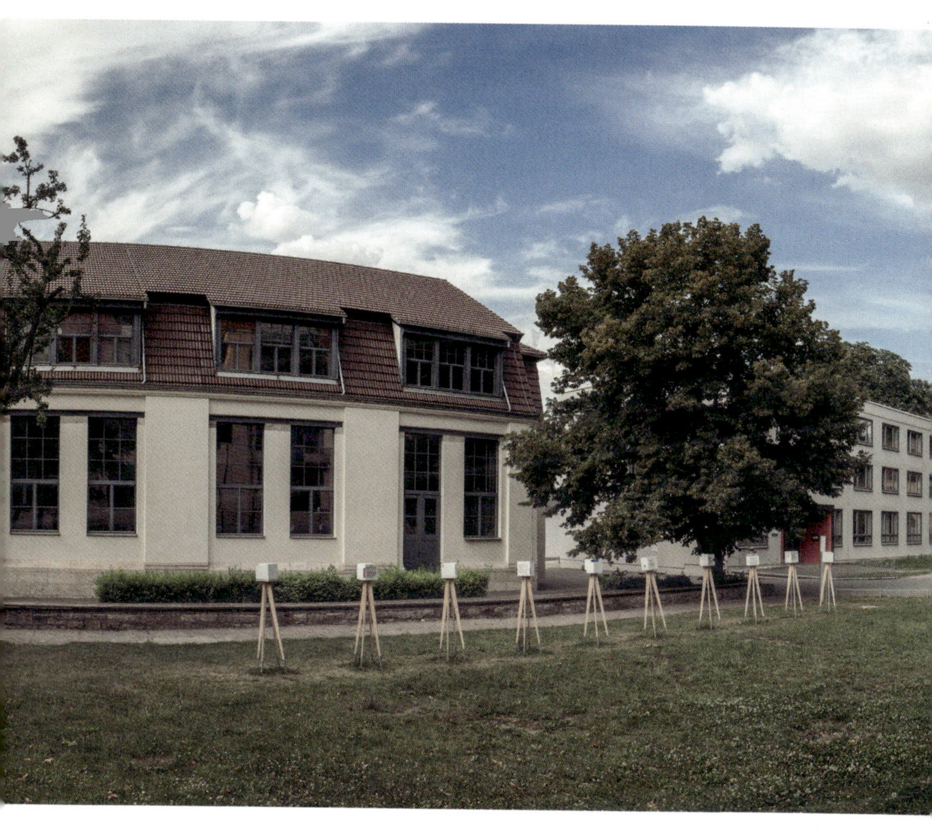

tel zu bekommen. Heute dient das renovierte Haus im Ensemble der Stätten des UNESCO Weltkulturerbe als Besucher- und Informationszentrum und als Café.

• Werkstattgebäude, Bauhaus-Universität Weimar

Bauhaus.Atelier | Info Shop Cafè
Besucher- und Informationszentrum
Geschwister-Scholl-Straße 6a
99423 Weimar
www.uni-weimar.de

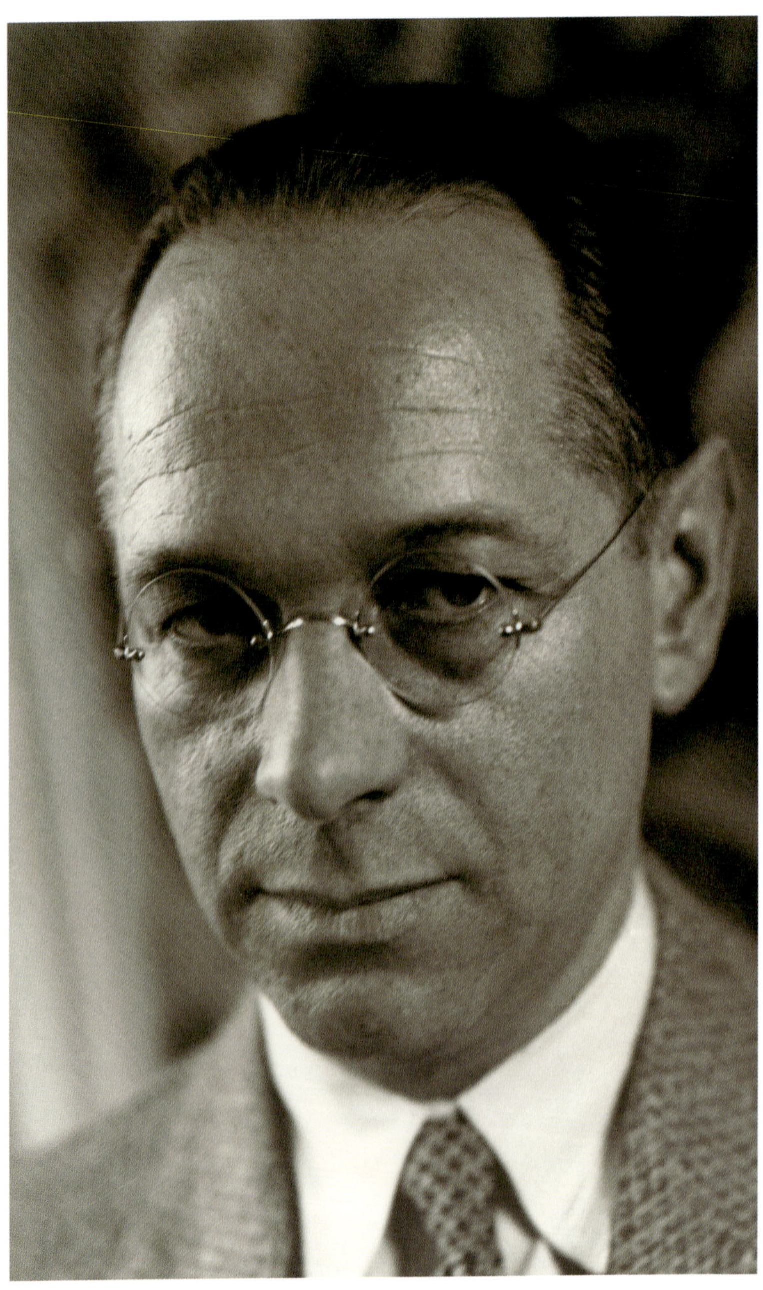

Johannes Itten, 1930, Foto von Lucia Moholy-Nagy

Zeittafel

1888	am 11. November in Süderen geboren
1898–1904	Besuch der Grundschule und des Gymnasium
1904–1908	erste Lehramtsausbildung und Lehramtsprüfung
1908	erste Stelle in Schwarzenburg
1909	Studium an Kunstakademie Genf
1910–1912	zweite Lehramtsausbildung und Lehramtsprüfung
1912–1913	Studium an Kunstakademie Genf
1913–1916	Studium an Kunstakademie Stuttgart bei Adolf Hölzel
1916–1919	Umzug nach Wien; Gründung einer eigenen privaten Kunstschule
1919	Heirat mit Hildegard Anbelang
1919–1923	als Meister am Bauhaus in Weimar
1923–1925	bei der Mazdaznan-Gemeinschaft in Herrliberg
1925–1934	Aufbau und Leitung einer eigenen privaten Kunstschule in Berlin
1932–1938	Leitung der Höhere Preußischen Fachschule für Textile Flächenkunst, wohnt ab 1935 in Krefeld
03.–11.1938	Aufenthalt in Amsterdam
1938–1954	Leitung der Kunstgewerbeschule und Kunstgewerbemuseum in Zürich
1939	Heirat mit Anneliese Schlösser
1943–1960	Leitung der Textilfachschule in Zürich
1952–1956	Leitung des Rietberg Museums
1967	stirbt am Karsamstag vor Ostern, den 25. März

Quellen

Primärliteratur

Itten 1930
Tagebuch, Beiträge zu einem Kontrapunkt der bildenden Kunst

Itten 1960
Mein Vorkurs am Bauhaus

Itten 1961
Kunst der Farbe

Itten 1963
Gestaltungs- und Formlehre, Vorkurs am Bauhaus und später

Sekundärliteratur (Auswahl)

Ackermann 2008
Ute Ackermann: Das Bauhaus isst, Leipzig 2008

Arian 2010
Max Arian: Zoeken & scheuren, de jonge sandberg, Huizen 2010, 2. Auflage

Badura-Triska 1990
Eva Badura-Triska: Tagebücher: Stuttgart 1913–1916, Wien 1916–1919, Wien 1990

Beilfuss 2014
Elke Beilfuß (Hg.): Oskar Schlemmer. Briefe-Texte-Schriften aus der Zeit am Bauhaus, Weimar 2014

Helfenstein/Mentha 1992
Johannes Itten. Das Frühwerk 1907–1919, hrsg. Josef Helfenstein und Henriette Mentha, Bern 1992

Itten Anneliese o.J.
Anneliese Itten: Itten von seinen Freunden gesehen, ohne Jahreszahl

Lichtenstern/Wagner 2003
Johannes Itten und die Moderne, Beiträge eines wissenschaftlichen Symposiums, Christa Lichtenstern/Christoph Wagner (Hg.), Ostfildern-Ruit 2003

Isaacs 1985
Reginald R. Isaacs: Walter Gropius. Der Mensch und sein Werk, Berlin, Bd. 1-3, 1985

Rotzler 1978
Johannes Itten: Werke und Schriften, hrsg. von Willy Rotzler, Werkverzeichnis von Anneliese Itten, Zürich 1978, (2. Auflage)

SCHMITT 1994
Peter Schmitt: Johannes Itten in Herrliberg. Versuch einer Annäherung an ein bisher wenig beachtetes Kapitel in Ittens Biografie, 197-209, in: Festschrift für Brigitte Klesse, Berlin 1994

STREIT 2015
Eva Streit: Die Itten-Schule Berlin, Geschichte und Dokumente einer privaten Kunstschule neben dem Bauhaus, Gebr. Mann Verlag Berlin, 2015. Zoom Perspektiven der Moderne, hrsg. von Christoph Wagner

THÖNNISSEN 1992
Karin Thönnissen, Johannes Itten und die Preußische Höhere Fachschule für textile Flächenkunst in Krefeld. Die Erfindung des Industriedesigns, Diss. Aachen 1992, publiziert als gleichnamiger Ausstellungskatalog des Deutschen Textilmuseums Krefeld, 1993

WICK 1982
Rainer Wick: Bauhaus Pädagogik, Köln 1982

WINGLER 2002
Hans M. Wingler: Das Bauhaus 1919–1933. Weimar – Dessau – Berlin und die Nachfolge in Chicago seit 1937, Köln (4. Auflage), 2002

Ausstellungskataloge

AMSTERDAM 1957
Johannes Itten, Stedelijk Museum Amsterdam, cat 169, 1957

AMSTERDAM 1991
Johannes Itten. Het Velum. Tekeningen en voorstudies, Stedelijk Museum Amsterdam 1991

BADEN 1984
„aus der Ittenschule Berlin 1926–1934“, Galerie im Trudelhaus Baden 1984, Text von Magdalena Droste

BERN 2002
Johannes Itten. Wege zur Kunst, hrsg. Dolores Denaro, Bern 2002

BERN/KREFELD/STUTTGART 1984/85
Johannes Itten. Künstler und Lehrer, Kunstmuseum Bern, Kaiser-Wilhelm-Museum Krefeld, Galerie der Stadt Stuttgart 1984/85

HAMM/WÜRZBURG/BERN 2005/06
Johannes Itten — Wassily Kandinsky — Paul Klee. Das Bauhaus und die Esoterik, hrsg. Christoph Wagner. Gustav-Lübcke-Museum, Hamm, und Museum im Kulturspeicher, Würzburg 2005, Kunstmuseum Bern 2006

Saarbrücken 2003
Johannes Itten, Alles in einem – Alles im Sein, Saarland, Museum Saarbrücken, hrsg. Ernest W. Uthemann, Ostfildern Ruit 2003, hier: Christoph Wagner, Johannes Itten, Leitmotive einer Künstlerbiografie

Weimar/Berlin/Bern 1994/1995
Das frühe Bauhaus und Johannes Itten, Weimar, Berlin, Bern 1994/1995

Wien/Zürich 1988
Johannes Itten – Meine Symbole, meine Mythologien werden die Formen und Farben sein, hrsg. von Dieter Bogner und Eva Badura-Triska, Museum moderner Kunst, Wien, Kunsthaus Zürich 1988

Zürich 1983
Hang zum Gesamtkunstwerk, Zürich 1983

Personenverzeichnis

A

Adler, Bruno 77
Altherr, Alfred 90, 131
Ammann, David 79, 91, 94,
Anbelang, Emmy 44
Anbelang, Hildegard, später: Itten-Anbelang 45, 57, 59, 94, 126, 151

B

Baumann, Fritz 19f
Baumann, Ludwig 120
Baumeister, Willi 29
Bayer, Herbert 125
Beaumont, Gustave de 24
Benario, Leo 30
Böcklin, Arnold 14
Börner, Helene 6, 65
Bronstein, Max, später: Mordecai Ardon 110
Brügger, Arnold 19
Brühlmann, Hans 22

C

Cézanne, Paul 23, 30, 52
Citroen, Paul 80, 82ff, 127f
Cyrenius, Marie 44, 53

D

Debus, Maximilian 110, 113f
Degas, Edgar 133
Delaunay, Robert 37
Dunki, Louis 16

E

Ebener, Ferdinand 57
Engelmann, Richard 61

F

Feininger, Lyonel 61
Fischer, Karl, auch Carl oder Carlos genannt 19, 92
Forbat, Fred 113
Friedell, Egon 47
Fröhlich, Otto 61

G

Gauguin, Paul 23
Gilliard, Eugène 24
Giotto 11
Goebbels, Joseph 107
Gogh, Vincent van 19, 23, 34, 134
Göring, Emmy 125
Göring, Hermann 125
Grasset, Eugène 24f, 101
Gropius, Walter 5, 52, 56f, 60ff, 71, 85ff, 95, 104, 125, 127f, 136

H

Hals, Frans 23
Hanisch, Otto, nannte sich auch: Otoman Zar-Adusht Ha'nish, Otoman, Fürst von Adusht oder Sarmantian de Caspiany 78f
Hauer, Josef Matthias 57f, 63
Heydt, Baron Eduard von der 132
Hildebrandt, Lily 85

Hodler, Ferdinand 14, 20
Höllering, Anna 44f, 60

I

Itten, Anneliese, geb. Schlösser 9, 40, 98, 120, 126, 128, 130ff, 151
Itten, Matthias 75

J

Jost, Wilhelm, genannt Hämu 18

K

Kandinsky, Wassily 22, 109
Kerkovius, Ida 28, 34, 64
Key, Ellen 14
Klamt, Jutta 107
Klee, Felix 66, 84
Klee, Hans 13
Klee, Paul 13, 40, 60, 66, 68, 69, 71, 84, 134, 142
Klein, Cesar 61
Kleint, Boris 114
Klemm, Walter 61
Klimt, Gustav 46f
Kokoschka, Oskar 45, 59

L

Lange, Hermann 116, 125f
Lange, Lilo 116
Lanyi, Richard 59
Lechter, Melchior 84, 93
Hoffmann-Lederer, Hanns 114
Lederer-Hoffmann, Mila 97ff,
Leer, Sophie van 39
Lenin, Wladimir Iljitsch 133
Linck, Walter 138
Lindberg, Helge 7, 32, 32ff, 37, 62
Lohrengel, Karl 123
Loos, Adolf 45f, 57

M

Mahler, Alma 5, 47, 52, 60, 85, 128
Marcks, Gerhard 61
Marinetti, Filippo T. 34
Mark, Richard 44
Mark-Kornfeld, Agathe 40, 43f
Matisse, Henri 23, 134
Memling, Hans 52
Meyer-Amden, Otto 29, 64, 70, 85, 87, 89f
Michaëlis, Karin 43, 47, 53
Mijll Dekker, Kitty van der 130
Moholy-Nagy, László 108f,
Moholy-Nagy, Lucia 113, 119, 150
Moll, Carl 47
Morach, Otto 18ff, 22, 26f, 45, 56, 89, 92f
Morris, William 19, 84
Moser, Koloman 47
Muche, Georg 39, 70, 77, 80, 82, 84, 86, 103, 108, 110, 126 142
Müller, Hannah 115
Musil, Robert 47

P

Pap, Gyula 96, 110
Peters, Wilhelm 110f
Pfeiffer-Watenpful, Max 71, 84
Picasso, Pablo 23, 109, 134
Polgar, Alfred 47

R
Rank, Ernst 117
Rembrandt 23
Renoir, Auguste 23, 133
Riefenstahl, Leni 107
Roller, Alfred 56
Rose, Hajo 127
Röthlisberger, Hermann 19f, 22f

S
Samson, Richard 103, 113
Sandberg, Emy 93
Sandberg, Helga 93
Sandberg, Willem 80, 93ff, 127f, 130
Schaer-Ris, Adolf 10, 13, 54, 66
Schlemmer, Oskar 5, 7, 29, 34, 63f, 66, 71, 126, 145
Schlemmer, Wilhelm 29
Schneider, Ernst 14
Schönberg, Arnold 46
Schreyer, Lothar 139
Schrimpf, Georg 39
Schwarzwald, Eugenie 45f
Stemmler, Hermann 29
Stenner, Hermann 17, 29, 35
Stettler, Otto 9, 18
Stockmar, Paula 72, 83, 159
Stölzl, Gunta 6f, 69, 96ff
Strauss, Richard 43, 133
Strzygowski, Josef 44

T
Taeuber, Sophie 92
Takehisa, Yumeij 114
Tessenow, Heinrich 47
Thedy, Max 61
Tietze, Hans 59
Tietze-Conrat, Erica 56
Tintoretto 23
Tizian 52

U
Umbehr, Otto 108, 113, 119

V
Vasari, Giorgio 11
Velde, Henry van de 23, 120, 147
Vibert, James 16

W
Walden, Herwarth 29, 39, 104
Wellesz, Egon 46
Wellesz, Emmy 47
Wendlandt, Hildegard 35
Werfel, Franz 47
Wesendonck, Margarete 133
Wichert, Fritz 22

Z
Zimmermann, Richard 117

Bildnachweis

akg-images 17, 21, 30, 46, 48, 49, 58, 75, 76, 81, 135, 136, 140/141
Badisches Landesmuseum Karlsruhe 100
Bauhaus-Archiv Berlin 51, 70, 71, 72, 111, 150, 159
Titelbild (Repro Foto von Markus Hawlik)
Karin Thönnissen 121, 123
Kunstgewerbemuseum Zürich, 8821: Museum für Gestaltung Zürich, Kunstgewerbesammlung, Foto: Marlen Perez © ZHdK 98
Kunsthaus Zürich 41, 55
Kunstmuseum Bern 21, 30, 33
Kunstmuseum Luzern 36
Kunstmuseum Stuttgart 38
Monika Stadler 69
Stedelijk Museum Amsterdam 129
Thüringisches Hauptstaatsarchiv Weimar 65
Verkehrs- und Verschönerungsverein Herrliberg 92

Autoren und Verlag haben sich bis Produktionsschluss intensiv bemüht, alle weiteren Inhaber von Abbildungsrechten ausfindig zu machen. Personen und Institutionen, die möglicherweise nicht erreicht wurden und Rechte verwendeter Abbildungen beanspruchen, werden gebeten, sich nachträglich mit dem Verlag in Verbindung zu setzen.

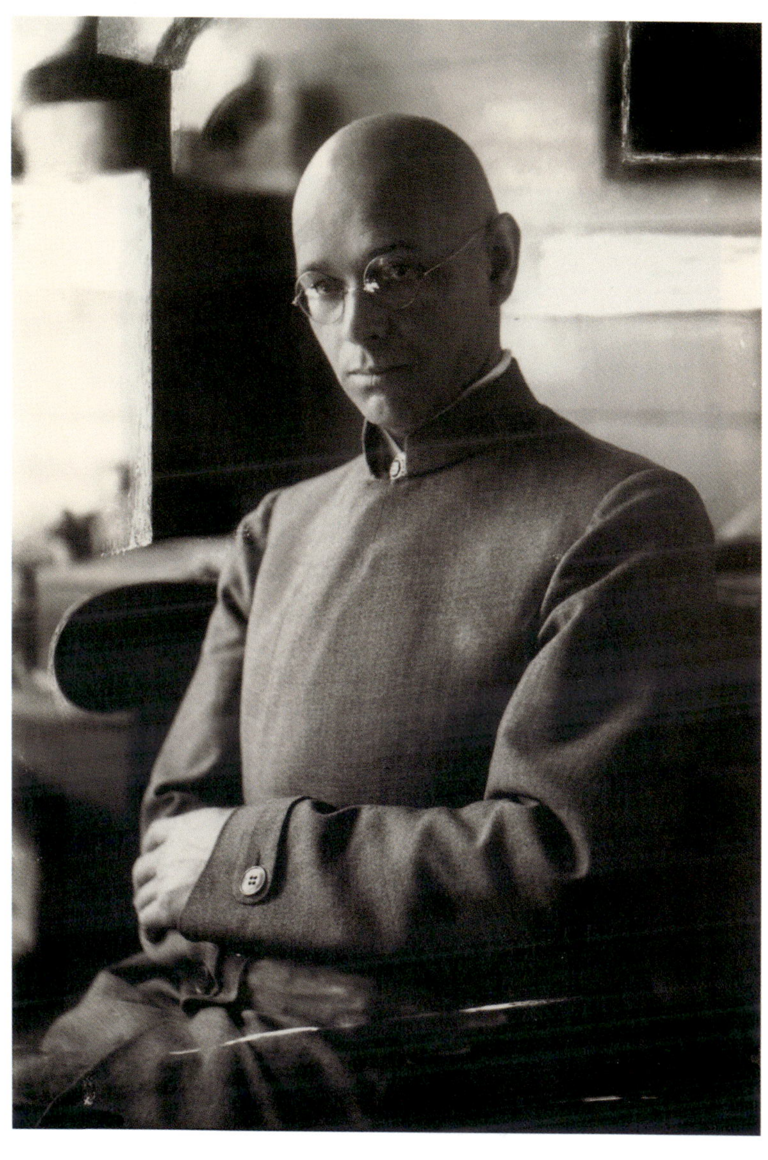

Johannes Itten im Madzdaznan-Anzug, Foto von Paula Stockmar, ca. 1921

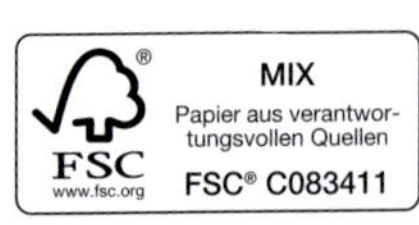

Impressum

Karin Thönnissen
JOHANNES ITTEN
Leben in Form und Farbe

Herausgegeben von Elke Beilfuß

ISBN: 978-3-7374-0221-7

Lektorat: Elke Beilfuß, Weimar
Umschlaggestaltung & Satz: Anja Carrà, Weimar

Gesamtherstellung: CPI books GmbH, Leck - Germany